問題解決力が身につく思考実験

これは「読む」本ではなく「考える」本です

Reading Book

Thinking Book

笠間リョウ

SOGO HOREI PUBLISHING CO., LTD

はじめに

「思考実験」をご存じだろうか。思考実験とは、実際には設定できない条件を設け、頭の中で推論を重ねていく思考による実験である。

堅苦しい名前をしているが、学校で習う「実験」とは違い、時間も場所も言語も問わない、知的な楽しみに満ちたゲームだと捉えてもらって構わない。

私たちは日々、ビジネス、プライベートを問わず、様々な問題と直面している。ビジネスの場であれば、いつも使っている解決の方法があるかもしれない。しかし、〝いつもの〟解決法は本当に正しいだろうか。時には、1から論理的に考えて別の方法を探すべきかもしれない。もしくは、疑問点を見付け、質問を重ねることで新しい答えが見つかるかもしれない。

はじめに

この本は、『これは「読む」本ではなく「考える」本です』というタイトルにもあるように、読者が「考える」ための本だ。

人の思考は、考えれば考えるほど柔軟になる。私たちは何歳になっても、新しい考え方を手に入れることができる。


本書では、「名作」と呼ばれる思考実験からオリジナルの思考実験まで、多彩な思考実験を収録した。それぞれの思考実験の特徴に合わせて、問題解決力や論理的思考力、発想力など、身につく力も明示した。

また、本書では「考える」型を身につけてほしいという思いから、Q&A形式にし、筆者の解答例を提示した。

ただし、これはあくまでも解答〝例〟にすぎない。

筆者の解答例とは別の、まったく新しい考え方が生まれることを期待している。

第1章 難易度★の思考実験

第2章

難易度★★の思考実験

第3章

難易度★★★の思考実験

装丁／藤塚尚子（デジカル）
本文デザイン／磯辺奈美（Dogs Inc.）
図・DTP／横内俊彦

第1章

難易度★の思考実験

Q01 ギャンブラーの迷い

奇跡と確率の関係——数学的思考力

あるギャンブラーがカジノでルーレットを楽しんでいる。赤か黒か、どちらかの色に賭けるシンプルな賭けだ。

ギャンブラーは長年カジノに通っているが、その日は見たこともないことが起きていた。

なんと9回連続で黒が出たのだ。

ギャンブラーはこの奇跡に興奮した。

そして、10回目。さすがに赤が出ないのは不自然だと思い、赤に賭けようとした。しかし、ここまでの奇跡を考えると、最後も黒が出るかもしれないと悩んでしまう。

黒と赤、どちらが出る確率が高いのだろうか。

◀ヒントは次のページ／解答例は14ページ

Q01のヒント

ギャンブラーが遭遇した状況には、どんな確率論が当てはまるか。紛らわしいものがないかを点検すると、ギャンブラーが取るべき行動が分かるはずだ。

◀解答例は 14 ページ

Q02 財政難の悪手

増税の痛み――論理的思考力

財政難で苦しむ、ある国の政府が増税を発表した。ただ、この増税にはからくりがある。

300日かけて、1日0・01%ずつ増税をしていくのだ。

政府の中心人物は言う。

「ごくわずかな増税にすることで、国民生活への悪影響を最小限に抑えることができる。この方法であれば、政府は財源を確保でき、国民は痛みを少なくしたまま、これまで通りの行政サービスを受けられる」

さて、この論理はどこが問題なのだろうか。

◀ヒントは次のページ／解答例は16ページ

Q02のヒント

政府の中心人物は、政府と国民のどちらにも損がないと主張している。別の角度からこの増税の問題点を探してみよう。

◀解答例は16ページ

Q01の解答例

赤でも黒でも出る確率は2分の1で変わらない。

9回連続で黒が出る確率は、2の9乗で512分の1。そう考えると、かなり珍しい現象が起きているように見えるかもしれない。

ただし、1回のルーレットで黒が出る確率は、単純に2分の1である。それは10回目だとしても変わらない。確率論では、それまでに起きていた出来事が、ほかの出来事に影響を及ぼすことはないとされている。

つまり、512分の1の確率で黒が9回連続出たことと、10回目のルーレットの確率とは何の関係もないのだ。

Q 03

赤の女王効果

「変わらないもの」とは何か——発想力

『鏡の国のアリス』で、赤の女王は言う。

「この国では、同じ場所にいようと思ったら、思いっきり走り続けなきゃならないのよ！」

そこにとどまるために走り続けなければいけないというのは、まさに逆説的である。しかし考えてみると、私たちの身の回りにもそのような状況が見付かることがある。

例を挙げてみよ。


◀ヒントは次のページ／解答例は18ページ

位置や距離といった解釈ではなく、ほかの解釈で考えればいくらでも見付かるはずである。

◀解答例は18ページ

Q03のヒント

Q02の解答例

小さな増税だとしても確実に国民の生活には影響を及ぼすのに、「悪影響を最小限に抑える」という言葉で印象を変えている。

わずかな増税は、確かに国民にとって直接の大きな痛みとはならないだろう。しかし、1日の痛みが少なくても、増税が完了する300日後には確実に負担が増していることは、誰の目にも明らかだ。

政府は「国民の痛みを少なくしたまま」と主張するが、少ない痛みでも、継続すれば確実に実感できる痛みとなる。

曖昧な概念を、曖昧な論理で紛らわせる例である。

Q 04

コンコルドの誤り

「しない」と「できない」の違い――問題解決力

人は行動を選択する際、これから得をもたらす行動よりも、これまで行ってきた投資を生かすような行動を選ぶ傾向がある。

「コンコルドの誤り」というのは、超音速旅客機コンコルドの開発の際の現象を指す。完成間近、経済効率から、開発を中止したほうが得だと分かっていたのに、「これまでの投資を無駄にするわけにはいかない」という理由で計画が続行されたのである。

こうした現象は動物や昆虫の行動にも見られる。苦労して得た餌には、獲得が簡単だった場合よりも強く執着する。それが不利であることが明らかであっても、である。

しかし、コンコルドの誤りは、面子や自尊心に囚われる人間の感情のはずであり、本能的行動には生じないはずだ。昆虫や動物は、勝てぬと分かっている勝負にこだわる動機を持たないはずである。ではなぜ、昆虫や動物がコンコルドの誤りを犯すのか。

◀ヒントは次のページ／解答例は 20 ページ

Q04のヒント

投資をするということは、そもそも利益が大きくなる可能性が高いはずだからである。それが不利に働く場合、人間はなぜそれを続けるのか、昆虫や動物はなぜやめられないのか。

◀解答例は 20 ページ

Q 03の解答例

世の中の多くの現象が赤の女王の言う通りである。

私たちが同じ職業や地位にとどまるためには、働き続けなければならない。生命を保ち続けるためには、食べ、飲み、呼吸し続けなければならない。

そもそも、この地球上の生態系が同じ姿を保っているのは、常に自然界全体が走り続けているからなのである。自然淘汰《とうた》が働き続け、適応できない個体が滅び、特定の不適応な遺伝子が除去され続ける。突然変異体が増えないようにするために、絶えず除去する。そうすることで、生態系は変わらぬ姿を保っているのである。

自然淘汰という赤の女王効果がなければ、生物界はあっという間に変化してしまうはずである。

Q 05

どのジュースを選ぶ?

嗜好の基準——問題解決力

品質の異なるオレンジジュースA・B・Cがある。X氏はAよりBが好きで、BよりCが好きである。

X氏はAかC、いずれかのジュースを飲めるということになった。そこでX氏は、迷わずAを選んだ。

単純に考えれば、AよりBが好き、BよりCが好きなのだから、AとCであればCを選ぶはずである。もう一度X氏に聞いたところ、やはりそれぞれの好みに変わりはないという。その上で、なぜCではなくAを選んだのか。X氏の説明を聞けば、合理的に納得できるものだった。それはどんな理由だったのか。

◀ ヒントは次のページ/解答例は22ページ

Q05のヒント

ジュースの好みを決める基準は味だけとは限らない。

◀解答例は22ページ

Q04の解答例

昆虫や動物の「コンコルドの誤り」的な行動は、本能的行動に矛盾しない。

投資によって価値が大きくなると判断するからこそ、多大な獲得努力を費やし、コストをかけ続けるのである。これは人間も動物も昆虫も同じである。

ところが例外的に不利があることが明らかになった場合、本来はそこで中止や修正をすればいいのだが、人間は感情的観点から投資をやめられなくなる。

では動物はどうか。動物が投資を中止できないのは、状況ごとに利益を推定し直し、修正したり中止したりする判断能力がないだけである。「これまでの投資に従えば、たいていは利益が最大になる」というアバウトなルールに従っているだけなのである。

Q06

幸福とは何か

曖昧な価値の答え——問題解決力

あなたは一児の親だ。子どもの誕生日が近付いていたので、誕生日に欲しいものを聞いてみた。すると、

「誕生日プレゼントには〝幸福〟が欲しい」

と言われた。

〝幸福〟とは何をプレゼントすればいいのだろうか。なお、パートナーとの相談はできることとする。

◀ヒントは次のページ／解答例は 24 ページ

Q06のヒント

あなたはパートナーと「幸福とは何か」を議論するべきだろうか。それとも一人で「幸福とは何か」と考え込むべきだろうか。どちらもベストな選択ではないだろう。

◀解答例は24ページ

Q05の解答例

X氏は味を基準にAよりB、BよりCを好むが、CよりもAのほうが量が多かったため、そこでは量を基準にAを選んだ。

オレンジジュースA・B・Cの果汁含有率が、それぞれ、50%、70%、100%だったとする。X氏は果汁が多いジュースが好みであり、AよりB、BよりCが好きなのである。

しかし、A・B・Cの量がそれぞれ100㎖、200㎖、300㎖だったとする。AとBの100㎖の差であれば、味が優先されるが、AとCの200㎖の差があったとき、味ではなく量が優先されたのである。

Q 07

時計の角度

長針と短針の関係は――問題解決力

時計を見ると、2時10分だった。
長針と短針の間の角度は何度か。

◀ヒントは次のページ／解答例は 26 ページ

Q07のヒント

長針の位置は、何分前に短針がいた位置かを確認しよう。

◀解答例は26ページ

Q06の解答例

「あなたにとっての幸福を教えて」と子どもに聞く。

〝幸福〟のように、人によって違う価値観を考える際には、予想をしても意味がない。人によって、それぞれ思い浮かべるものが違うからだ。

ここは、単刀直入に「あなたにとっての幸福を教えて」、もしくは「どんなときに幸福を感じる？」と尋ねるべきだろう。

Q08

誰も望まない旅行

何のための行動か――問題解決力

ある真夏の日、家族で遠く離れた町へ旅行に出かけようということになった。誰もがほかのメンバーはこの旅行を望んでいると思い込み、反対した者はいなかった。道中は暑く、到底快適な旅行ではなかった。提案者を含め、誰も旅行に行きたくなかったと家族全員が知ったのは、旅行が終わった後だった――。

これは集団思考の一例として有名なパラドックスだが、私たちの身近にも同じようなことはないか。例を挙げよ。

◀ヒントは次のページ／解答例は 28 ページ

Q08のヒント

誰も望んでいないのに続けられていることは何だろう。

◀解答例は28ページ

Q07の解答例

5度。

短針が2時を示す位置と、長針が10分を示す位置は同じである。つまり、2時ちょうどからの10分間で短針が進んだ角度が分かれば、長針と短針の間の角度が分かる。360度を12時間で割ると、短針が1時間に30度進むことが分かる。10分は6分の1時間なので、10分間で短針が進む角度は30÷6で5度。よって、長針と短針の角度は5度である。

Q09 テロリストへの拷問

優先されるべきもの——問題解決力

現代において、文明国では拷問が禁止されている。拷問が悪であるということには、誰もが同意するだろう。

さて、いま大都市に時限爆弾を仕掛けたテロリストが逮捕されたとする。しかしその爆弾がどこにあるのか、犯人以外は知らない。爆発すれば何千人もの犠牲者が出ることは間違いないという。しかし、犯人は頑《かたく》なに黙秘をしている。

この場合、爆弾の場所を特定するために、テロリストを拷問することは正当化できるだろうか。

正当化できる、できない、両方の立場から論拠を挙げてみよ。

◀ヒントは次のページ／解答例は30ページ

Q09のヒント

主観的判断ではなく、どのような論拠に客観的説得力があるかを考えよう。

◀解答例は30ページ

Q08の解答例

企業における目的のはっきりしない定例会議。

毎月、あるいは毎週行われている会議。目的ははっきりしないし、どんな効果があるのかも分からない。参加者は形式的に発言し、実のある議論はされない。そうした経験は誰にでもあるのではないだろうか。

「昔からやっているのだから意味があるのだろう」「誰かが有効性を感じているからやっているのだろう」誰もがそう考え、会議を開くことに反対をしないのである。

Q10

サルの仲間はパンダかバナナか

思考のパターン――発想力

以下の3つから、特に近い関係にあるものを2つを選べ。

パンダ
サル
バナナ

◀ヒントは次のページ／解答例は32ページ

Q10のヒント

この問いの答えは大きく2つの考え方に分かれる。あなたの思考パターンはどちらか。また、もう一方のパターンはどう考えられるか。

◀解答例は32ページ

Q09の解答例

正当化できる：数千人の命と犯人1人の苦痛とでは、前者のほうが遙かに重要である。

正当化できない：拷問は真実を引き出すのに効率的な方法ではない。

まず、拷問を正当化できるとする立場の論拠は1つだろう。犯人1人が身体的苦痛を受けることと、数千人の命が失われることが天秤にかけられているのだ。どちらを選ぶべきかははっきりしている。

他方、正当化できないとする論拠の1つには、拷問が真実を引き出すのに効率的ではないということがあるだろう。冤罪事件で知られるように、厳しい取り調べの苦しみから逃れるために、事実ではない自白をするということは多々あるのだ。

Q11 退職の決断

最善の選択を考える──発想力

ある男が会社で大きなミスをした。巨額の損失を出す前代未聞のミスだ。

激怒した社長は、「退職しろ！」と男に詰め寄った。退職したくない男は社長に懇願した。

「家族がいるんです。退職したら一家全員路頭に迷ってしまいます。妻にもミスをして退職したとはとても言えません」

すると、社長は「分かった。表向きの退職理由は自分で決めさせてやる。ただし、退職はしてもらう」と告げた。

男はしばらく考え込み、答えを出した。その結果、男はその後数十年に渡ってその会社に勤めることができた。男が出した答えとは何か。

◀ヒントは次のページ／解答例は34ページ

Q11のヒント

男は数十年勤めたが、最終的には退職をしている。退職を免れたわけではない。

◀解答例は34ページ

Q10の解答例

「パンダとサル」あるいは「サルとバナナ」。

一般的に、西洋人は論理的なルールで、東洋人は具体的文脈で世界を認識するといわれている。アメリカ人と中国人にこの質問をする実験では、アメリカ人は「パンダとサル」、中国人は「サルとバナナ」を選ぶ割合が圧倒的に多かったという。アメリカ人は3つを「哺乳類と果物」と論理的に考え、中国人は「バナナを食べるのはサル」と文脈的に考える傾向が強いのだ。

また、中国語と英語のバイリンガルに対し、英語で質問した場合は「パンダとサル」を、中国語で質問した場合では「サルとバナナ」を選ぶ割合が多かったという。

Q12 皿の上のアップルパイ

「残り」の数――問題解決力

部屋の中にはアップルパイが6つ載った皿があり、女の子が6人いた。女の子が1人1つずつアップルパイを取ったが、皿の上にはまだ1つ残っている。

これはなぜか。

◀ヒントは次のページ／解答例は36ページ

Q12のヒント

問題には、6人の女の子がアップルパイを「食べた」とは書かれていない。

◀解答例は36ページ

Q11の解答例

退職理由に定年退職を選んだ。

社長から「退職理由は自分で決めろ」と言われた男は、少しでも長く会社に在籍できる退職理由を考えた。

そして考え出したのが、退職の時期を最も遅らせることができる、「定年退職」だった。社長は自分で言った手前、即座に退職させることもできず、男は無事に勤め上げることができたのである。

Q13 倒れた道しるべ

方角が定まる条件――問題解決力

男が見知らぬ地域を旅行していた。

ある町を出発し、次の目的地を目指してしばらく歩いていると、十字路に差しかかった。

そこには次の町を指す道しるべがあったのだが、根元から倒れて、どちらが目的の方向なのかが分からなかった。それにもかかわらず、彼は無事目的地へ辿り着いた。

男はどうやって目的地の方角を知ったのか。

◀ヒントは次のページ／解答例は38ページ

Q13のヒント

道しるべは４つの方向を指しており、十字路のそれぞれの道から行き着く町の名前が書いてあった。

Q12の解答例

最後にアップルパイを取った女の子は、皿に載せたまま持っていったから。

女の子は１人１つずつアップルパイを取っていった。６人目の女の子は、皿ごとアップルパイを取ったのである。

◀解答例は 38 ページ

Q 14

完全な暗闇

夜目が利く動物——発想力

次の動物の内、完全な暗闇でいちばんものが見える動物はどれか。

フクロウ
ヒョウ
ワシ

◀ヒントは次のページ／解答例は 40 ページ

Q14のヒント

完全な暗闇には、一切の光がない。

◀解答例は40ページ

Q13の解答例

男は出発した町の名前を覚えていたから。

男は、その日自分が出発した町の名前を覚えていた。道しるべが倒れていても、自分が来た方向にその町の名前を向ければ、ほかの3方向も正しい方角を指すようになる。

Q 15

ダイイング・メッセージ

死者ができないこと――問題解決力

男が自室で銃で撃たれて死んでいるのが見付かった。男の手には銃が握られていた。刑事が部屋の中を調べると、テープレコーダーが見付かった。再生ボタンを押すと「私はもう生きていけない」というメッセージが聞こえ、続いて銃声が聞こえた。家族に確認したところ、声の主は死んだ男で間違いなさそうだ。

しかし、刑事は男が自殺したのではなく、誰かに殺されたのだと確信した。それはどんな理由からか。

◀ヒントは次のページ／解答例は42ページ

Q15のヒント

テープレコーダーの再生ボタンを押すと、死んだ本人の声が聞こえたのである。

◀解答例は42ページ

Q14の解答例

どの動物にも、何も見えない。

暗闇の中でどれだけものが見えるかは、それぞれの動物の目の構造による。網膜に届く光の量を調整する機能が高い動物は、わずかな光しか届かない空間でも、夜目が利くのだ。

しかし、完全な暗闇とはまったく光がないことである。どれだけ優れた目を持っていても、一切の光がなければ何も見えないのである。

Q16 平均時速

直感に囚われるな――数学的思考力

ある日、自動車で目的地へ向かった。行きの平均時速は60km、帰りは40kmだった。行きと帰りとを合わせた、この日の移動の平均時速は何kmか。

◀ヒントは次のページ／解答例は44ページ

Q16のヒント

行きと帰りの時速が違うということは、移動に要する時間も異なるということである。

◀解答例は44ページ

Q15の解答例

死んだ人間にテープレコーダーは巻き戻せないから。

男がメッセージを吹き込み、自ら銃の引き金を引いたとしたら、その後再生ボタンを押しても、メッセージは聞こえないはずである。

死んだ本人以外の誰かが、テープを巻き戻したのである。

Q 17

柔道大会の試合数

発想の切り替え——発想力

127人の選手が参加する柔道の大会がある。試合に負けた選手は、その時点で敗退となり、敗者復活戦などは行われない。

この場合、優勝者を決めるためには最低何回の試合が必要か。

◀ヒントは次のページ／解答例は46ページ

Q17のヒント

この問いの正解を導き出すためには、2つの方法がある。1つは、トーナメントを想定し、1回戦、2回戦、3回戦……といった具合に試合数を合計する方法。しかし、もっと簡単な方法がある。

◀解答例は46ページ

Q16の解答例

48㎞。

仮に目的地までの距離が120㎞だった場合、行きにかかる時間は2時間。帰りは3時間である。つまり、往復分の240㎞を5時間で移動したことになる。平均時速は240÷5で、48㎞。これは距離を別の数字に置き換えても、同様の計算結果となる。

Q 18

バナナを何本食べられるか

空っぽの胃袋——発想力

お腹が空っぽのとき、人はバナナを何本食べられるか。

◀ ヒントは次のページ／解答例は 48 ページ

Q18のヒント

お腹が「空っぽ」でなくなるのはどんなときか。

◀解答例は48ページ

Q17の解答例

126回。

まず、トーナメントを想定する場合、決勝戦に進む人数は2人、準決勝へは4人、準々決勝へは8人と、2の倍数となっていく。1回戦に128人がいればちょうどいいのだが、実際には1人足りないため、この1人を不戦勝とする。すると、1回戦は63試合、2回戦では32試合、3回戦では16試合……となり、63＋32＋16＋8＋4＋2＋1で、126試合となる。

しかしもっと簡単な方法がある。負ければ終わりということは、1回の試合で1人の敗退者が出るということである。つまりX人の中から1人の優勝者を決めるためにはX－1回の試合が必要だということである。

Q 19 トロッコのスイッチ

どちらの命を選ぶか――論理的思考力

あなたは地下道を掘る作業員である。目の前には、掘った土や岩を運ぶためのトロッコが走る線路が伸びている。

いま、右側から、大量の土砂を積んだトロッコが猛スピードで走ってくる。誰かにぶつかれば、確実に死んでしまうだろう。

トロッコが進む先の線路は、2つに分岐している。片側には1人の作業員が、もう一方には5人の作業員がいる。作業の音で、誰もトロッコが迫っていることには気付いていない。

あなたの前には、分岐を変えるスイッチがある。このままだと、トロッコは5人がいる方向へ進むことになる。スイッチを倒せば、トロッコは逆側へ進むことになる。

このとき、あなたはどうすべきだろうか。

◀ヒントは次のページ／解答例は50ページ

Q19のヒント

この問いに明確な答えはない。それぞれの選択に対して、あなたはどう考えるだろうか。

◀解答例は50ページ

Q18の解答例

0本。

バナナを一口食べた瞬間に、お腹は空っぽではなくなるから。

Q 20 くじ引きの順番

残り物には福がある？——論理的思考力

5枚のくじがある。5人がそれぞれ1枚ずつくじを引き、当たりが出れば10万円もらえ、外れれば1万円払わなければならない。

あなたが5人の内の1人なら、何番目にくじを引きたいと考えるか。

◀ヒントは次のページ／解答例は52ページ

Q20のヒント

問題文から受ける心理的な印象は置いておいて、実際に地道に計算してみよう。

◀解答例は52ページ

Q19の解答例

「スイッチを切り替える」を選ぶ人が多数派。

この思考実験の解答での多数派は、「スイッチを切り替える」である。理由は1つしかない。1人の命と5人の命を比べれば、どちらを選択すべきかははっきりしている。

一方で、少数派である「スイッチを切り替えない」の意見はこのようなものである。「元々5人は死ぬ運命にあった。本来死ぬ運命にない人の命を巻き込むのは間違っている」。あるいは、「スイッチを操作することで、自分は傍観者から当事者になる。止むを得ないとはいえ、人の命を奪うことに抵抗を感じる」。

あなたはどのように考えるだろうか。

Q 21

確率を下げるジョーク

確率とは何か——論理的思考力

AとBの2人組が新幹線に乗ることになった。

Bは「凶器を持った人間が乗っていたらどうするんだ」と怯え、新幹線に乗るのを嫌がった。

そこでAはこう言った。

「だったら君も凶器を持ち込むといい。そもそも、凶器を持った人が1人でもいる確率は低い。それが君も含めて凶器を持った人間が2人になるとしたら、さらにその確率は低くなる。そう考えれば、滅多にあることじゃない。安心だろう？」

Aの主張は間違っているだろうか。

◀ヒントは次のページ／解答例は54ページ

Q21のヒント

確かに、常識的に考えれば、たまたま凶器を持った人間が2人も同じ新幹線に乗っているとは考えにくいかもしれない。どこに落とし穴があるだろうか。

◀解答例は54ページ

Q20の解答例

何番目に引いても変わらない。

5枚のくじは何番目に引いても当たる確率が1／5で変わらない。

「残り物には福がある」ということわざも、確率論から考えれば合理的ではないのである。

Q22

一夫一妻制は得か

最良の伴侶とは——論理的思考力

一夫多妻制の国と一夫一妻制の国では、どちらが得か。「より良い伴侶を得るために」という視点から、男女それぞれについて考えよ。

◀ヒントは次のページ／解答例は58ページ

Q22のヒント

あなた自身が男性であれ、女性であれ、自身の立場や感情とは切り離して考えよう。

◀解答例は58ページ

Q21の解答例

Aの主張は間違っている。

一見正しく見えるAの論理だが、Bが凶器を持ち込むことと、ほかの乗客が凶器を持ち込むことは本来何も関係がない。あくまでもBが独立して行なうことであり、その行為が周りに影響を与えることはないのである。

第2章

難易度★★の思考実験

Q 23

眠り姫への質問

条件を整理する——数学的思考力

眠り姫は日曜日になると薬を飲まされ、眠らされる。

眠り姫の傍らには、インタビュアーが控えている。インタビュアーは眠り姫が眠った直後にコインを投げる。表が出れば、インタビュアーは月曜日に眠り姫を起こし、質問をする。裏が出れば、月曜日に起こし、同じ質問をして再度薬で眠り姫を寝かしつけ、火曜日にまた眠り姫を起こし、ここでも同じ質問をする。

眠り姫を起こしたとき、インタビュアーがする質問は、

「コインの表が出た確率は？」

である。あなたが眠り姫なら、何と答えるべきか。

ただし、裏が出て月曜日に起こされた場合、そのことを火曜日に起こされた眠り姫は知らないこととする。

◀ヒントは次のページ／解答例は 60 ページ

Q23のヒント

確率は全体の数から求める確率以外の数を引くことで分かる。

Q22の解答例

女性は一夫多妻制、男性は一夫一妻制が得。

一夫多妻制では、女性は特に衝突や努力の必要なしに、高いレベルの男性と婚約することができる可能性が高い。

一方の男性は、一夫多妻制だと少数の高いレベルの男性ばかりに女性の人気が集中し、大多数の男性は損をする。

◀解答例は60ページ

Q 24 ひもの上の2つのコイン

原点に立ち返る——論理的思考力

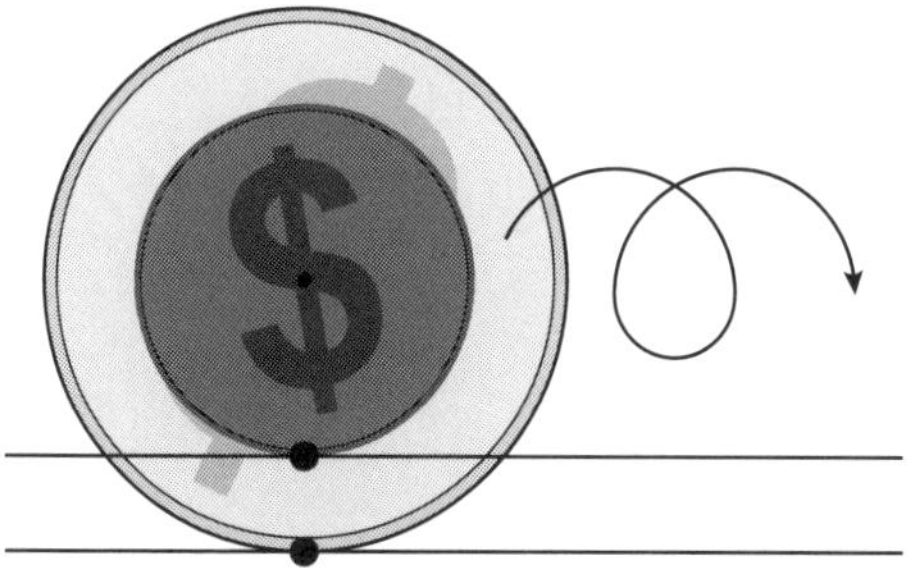

図のように大小のコインを貼り合わせ、2本のひもに沿って回転させる。すると、最初にコインに接していたそれぞれの1点が、一周して同時にひもに接する。

しかし、円周の長さは直径×円周率。直径が異なれば円周の長さも異なるはずだ。このとき、前提としていた以下の条件の中で疑うべきはどれか。

①2つのコインの円周の長さが違う
②2つの点がひもの上の同じ長さを移動する
③点の移動距離はコインの円周の長さと同じ

◀ヒントは次のページ／解答例は62ページ

Q24のヒント

正しいはずの条件に矛盾が生じたとき、立ち返るべきは「目に見えている真実」である。3つの条件の中で、観察事実ではないものはどれか。

◀解答例は62ページ

Q23の解答例

1／3。

仮にコインを10回投げるとしよう。

10回の内、5回は表、5回は裏が出る確率になる。そのため、表が出て月曜日に起こすのが5回。裏が出て月曜日に起こすのが5回、火曜日に再度起こすのが5回。表裏合わせて、月曜・火曜で全15回起こす内、表が出て月曜日に起こす確率は、5／15、すなわち1／3である。

Q25 1万円の分配

利益を得るための判断——問題解決力

A氏はB氏の見ている前で、C氏に1万円を渡す。そして2人に「Cさんはその1万円の内、いくらかをBさんに分けて、残りを自分のものにしてください。ただしBさんはCさんの分け方を見て拒否することもできます。その場合、1万円は全て私に返してもらいます」と伝える。

B氏とC氏はこの後二度と会うことはない。

B氏もC氏も自分の利得だけを重んじる合理的な人物であり、双方がそのことを知っている。あなたがC氏の立場だったとして、どのような分け方にするべきか。

◀ ヒントは次のページ/解答例は64ページ

あなた（C氏）だけでなく、B氏も「確実に自分が利得を得る」方法を考えるのである。

◀解答例は64ページ

Q24の解答例

「③点の移動距離はコインの円周の長さと同じ」が間違っている。

論理的に考えれば、答えは1つしかない。

①、②は観察事実として目の前に見えていることである。疑いようがないのである。ということは、疑うべきは③である。つまり、点の移動距離が円周の長さに一致するとは限らないのだ。

ひもの上でコインを回転させたとき、ある1点の移動距離とコインの円周の長さが一致するのは、ひもの上ですべらないように、完全に密着させながら、回転させた場合だけである。実際には、いかに慎重に回転させようとも、2つのコインのいずれか一方は、必ず空回りしてしまうのである。

Q 26

錯覚の理由

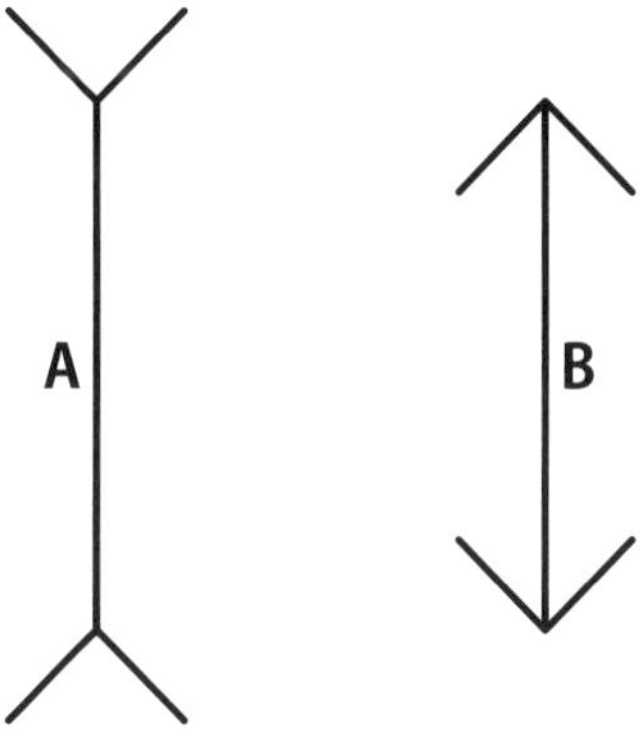

人類の生存戦略――発想力

図の線分AとBでは、Aのほうが長く見えるだろう。しかし、実はこの2つは同じ長さであり、Aが長く見えるのは錯覚である。

錯覚の発生には必ず理由がある。全てを正しく認識する脳よりも、ある条件では錯覚を起こす脳のほうが、生存上有利なのである。

では、この図で脳が錯覚を起こす理由は何か。

◀ ヒントは次のページ／解答例は66ページ

Q26のヒント

線分Aの両側を壁だと想像してみよう。すると、壁が奥で交わる図に見える。線分Bの両側を塀として見ると、間近で塀が交わる図に見える。

◀解答例は66ページ

Q25の解答例

自分（C氏）に999円、B氏に1円。

B氏は自分の取り分がいくらであろうと、拒否すればお金を受け取ることはできず、承諾すればお金を受け取れるのである。つまり、拒否するという選択肢を選ぶことは考えられない。したがって、あなた（C氏）は、自分にとって最大の利得となる999円を提示すればいいのである。

ただし、世界中で行われているこの実験において、C氏の提案はだいたい5対5の分配が多く、Bの取り分が2割以下になると、ほとんどの場合Bは拒否するという。人は自分の利得だけを考えて行動するわけではないということを示す好例である。

Q 27

2万円のコンサート

損失の基準——発想力

まず、以下の2つの事象を読み比べよ。

A：コンサートの前売り券を1万円で購入した。当日会場でチケットを紛失したことに気付いた。当日券も前売り券と同額の1万円で売られている。

B：前売り券を買い忘れていたコンサートがあり、当日券が1万円で買えるということで出かけた。会場で1万円を入れた財布を紛失したことに気付いた。それとは別に財布を持っており、その中のお金で当日券を買うことができる。

Aの場合、当日券を買う人と買わない人のどちらが多いか、Bの場合はどうか。また、それはなぜか。

◀ヒントは次のページ／解答例は68ページ

Q27のヒント

どちらの場合も、1万円の損失でコンサートを見ないか、もう1万円払ってコンサートを見るか、という条件は同じである。どちらのほうが当日券を買うことを損だと感じるだろうか。

◀解答例は68ページ

Q26の解答例

遠くのものと近くのものを直観的に見分けることができるため。

遠近法により、線分Aは壁が奥で交わる線に見え、線分Bは塀が間近で交わるように見える。つまり、視界にAのような形が見えたら、線分は遠くにある確率が高い、Bのような形が見えれば、近くにある確率が高い。もし遠くのものと近くのものが、「見かけ上」同じ長さに見えたとしたら、実際は遠くにあるもののほうが長いはずだ。

そうして私たちは見かけの長さから真の長さを直観的に知ることができる。自分にとっての危険が遠くにあるのか近くにあるのか、求めるものが近くにあるのか遠くにあるのか。一目で分かるほうが、生存上有利であることは間違いないだろう。

Q28 サイコロの確率

理論的確率と結果の矛盾――数学的思考力

サイコロを何回か振って、6割以上偶数が出れば「アタリ」となるゲームをすることになった。このゲームには2種類ある。

①当たれば1万円もらえる。外れたら何もなし。

②当たれば1万円払わなければならない。外れたら何もなし。

この2つのゲームについて、次の2つの設定のどちらかを選ぶことができる。

A：サイコロを振る回数を100回とする。

B：サイコロを振る回数を1000回とする。

ゲーム①②のそれぞれについて、設定AとBのどちらを選択すべきか。

◀ ヒントは次のページ／解答例は70ページ

Q28のヒント

ABそれぞれのサイコロを振る回数を極端に考えると分かりやすい。Aを1回、Bを無限大回と考えるのである。

◀解答例は70ページ

Q27の解答例

Aでは「買わない」、Bでは「買う」が多い。なぜなら、Aで失ったチケットはコンサートに直接的に結び付いているのに対し、Bで財布を紛失したことは偶然的だから。

Aの場合、失った1万円のチケットは、コンサートに密接に結び付いている。再度1万円でチケットを購入することで、コンサートに対して合計2万円を支払うことになる。本来の金額より余計な支払いになるという印象を受けることで、「買わない」を選ぶ人が多いと考えられる。

一方、Bの場合、財布を紛失するということはコンサートと直接的には結び付かない。そのため、コンサートには1万円を払うということ以上の損失があるとは考えず、「買う」を選ぶ人が多いと考えられる。

Q 29

質問が必要なのは誰？

基準を満たしているか――論理的思考力

X美容室では、「美容師としての実務経験2年以上」を採用の基準にしている。しかし、この条件が正しく守られていないかもしれないという。

あなたは違反者を見付けなくてはいけない。可能性があるのは左の4人である。ただしあなたは4人について、X美容室の社員であるかどうかも含め、左の情報以外に何も知らない。あなたは、4人に美容師としての実務経験が2年以上あるか、もしくはX美容室の社員であるかを質問できる。最低限、質問をする必要があるのは誰か。

①美容師として5年働いていたことがあるAさん
②X美容室の社員であるBさん
③美容師になる勉強をしたことがないCさん
④レストランでコックをしているDさん

◀ヒントは次のページ／解答例は72ページ

Q29のヒント

1人ずつ条件に合っているかどうかを考える。必ず質問をする必要があるのは誰か。

◀解答例は72ページ

Q28の解答例

①の場合はA、②の場合はBを選ぶ。

まず、サイコロを振ったとき、偶数が出る確率は5割である。しかし、実際にその確率通りに出るわけではなく、振る回数が少ないほど、偶然による矛盾が生じる確率が高い。逆に振る回数が多いほど、理論上の結果に一致するのである。

であるならば、Aであれば5割ではなくなる確率が高いほうを選択すべきである。もちろん、奇数の確率のほうが高くなることも考えられるが、それでも損はしないわけだから、利益を求めるならばAを選ぶべきなのである。逆に②の場合は、なるべく回数を増やして、5割に近づく確率が高くなる選択をすべきなのである。

Q 30

美人コンテストの選択

他人の思考を予測する――論理的思考力

あなたは、ある美人コンテストの審査員をしている。審査員はあなたのほかに数名いて、審査員の票をいちばん多く得た出場者が優勝する。

審査員には、事前に「優勝した出場者に投票した審査員には、主催者から賞金を与える」という条件が提示されている。

出場者はA、B、Cの3名である。

審査員にはそれぞれの年齢、特技などのプロフィール情報を与えられている。

さて、あなたが優勝する出場者に投票し、賞金を得るためには、どんなタイプの出場者に投票するといいだろうか。

◀ ヒントは次のページ／解答例は 74 ページ

Q30のヒント

「優勝した出場者に投票した審査員には、主催者から賞金を与える」という条件から、ほかの審査員の思考を予測する方法を考えるのが得策だろう。

◀解答例は74ページ

Q29の解答例

Bさんに美容師として2年以上の実務経験があるかを質問する必要がある。

1人ずつ見ていこう。まずAさん。Aさんは5年の実務経験がある。X美容室で働いているか聞く必要があるように思われるが、ほかの美容室で働いていても問題はないので、質問をする必要もない。

次にBさん。BさんはX美容室の社員だが、条件である美容師としての実務経験が2年以上あるかどうかは分からない。そのため質問をする必要がある。

Cさんはそもそも条件を満たしていないから、質問の必要はない。また、DさんはX美容室で働いていないのだから、こちらも質問する必要はない。

Q 31

地球に巻かれたロープ

真実はシンプル——数学的思考力

地球の赤道に沿って、ロープを巻いたとする。次に、同じように赤道に沿って２本目のロープを巻くのだが、１本目のロープより１メートル高い所に巻いたとする。

この場合、２本目のロープは、１本目のロープよりどれだけ長くなるか。

◀ヒントは次のページ／解答例は 76 ページ

Q31のヒント

円周の長さを求めるには、円周率と直径が必要である。地球の赤道は約1万3000kmである。しかし、この問いでは、地球の直径が分からずとも計算できる。

◀解答例は76ページ

Q30の解答例

人気があり、流行と合致している容姿・振る舞いの出場者。

「優勝した出場者に投票した審査員には、主催者から賞金を与える」という前提がある場合、自分の好みのタイプに投票しても意味がない。考えるべきは、ほかの審査員が投票しそうな出場者は誰か、ということだ。

ただし、どの審査員も同じことを考えるはずである。それならば、自分以外の審査員が立てた「ほかの審査員はこの人に投票するだろう」という推論を予想しなくてはならないのだが、実際には不可能である。

そのため、票が集まりそうな人気があり、容姿やファッションが流行に合っているタイプの出場者に投票するのがベターな選択になる。

Q 32

赤とは何か？

正しい知識とは——論理的思考力

マリーは色彩の研究をしている研究者だ。赤色は数ある色の中でも、マリーの専門分野である。

マリーは、幼い頃から色盲であり、特定の色を見分けることができない。そんな経験もマリーが色彩の研究者となるきっかけになった。

赤色が人々の精神に与える影響やトマトが赤い理由、赤外線がなぜ肉眼で見られないのかなど、赤にまつわることならマリーはなんでも答えられる。

ただし、1つだけマリーが知らないことがある。それは何か？

◀ヒントは次のページ／解答例は78ページ

Q32のヒント

あなたがコウモリの研究者だとしよう。コウモリがほとんど目が見えないことや、高周波の鳴き声を出して外界の様子を知覚していることを知っている。ただし、あなた自身がコウモリにならないと分からないことは何か。

◀解答例は78ページ

Q31の解答例

約6・3m。

多くの人が、もっと大きな数字を想像したのではないだろうか。しかし、正解は約6・3mに過ぎない。学校で習った公式を使えば、簡単に計算できる。

円周の長さは円周率×直径で求められる。

1本目より2本目が1m高くなるということは、ロープの輪の直径が2m長くなるということになる。

つまり、1本目と2本目のロープの長さの差は円周率×2m、約6・3mだ。

Q 33 解散の日

論理の落とし穴——論理的思考力

ある年、首相が国会で次のように発言した。

「来月、議会を解散する。日程は当日まで発表しない」

当選一期目で経験が浅い議員Aは焦った。しかし、彼は選挙戦の準備は必要ないと判断し、何1つ解散に伴う選挙の準備をしなかった。彼の推理はこうだ。

「解散が来月の31日に行われることはない。なぜなら、30日までに解散しなければ、31日に解散すると分かってしまうからだ。31日に解散しないとすれば、30日に解散することもない。29日になれば、30日に解散すると分かってしまうからだ。こうして1日ずつ遡っていけば、首相は議会を解散できないことが分かる。よって、解散に伴う選挙の準備は必要ない」

翌月、首相は宣言通りに議会を解散した。なぜAは解散を予想できなかったか。

◀ヒントは次のページ／解答例は80ページ

Q33のヒント

論理的に予想したことと、実際に起きている事実を分けて考える。

◀解答例は80ページ

Q32の解答例

マリーは色盲なので、赤がどんなふうに見えるのかを知らない。

どれほど物理学的に正しい知識を持ち合わせていても、主観的な心の動きは正確に捉えることができない。

例えば、コウモリはほとんど目が見えない。その代わり、高周波の鳴き声を出して外界の様子を知覚している。私たちはどれだけ物理学的、神経生理学的にコウモリを研究したところで、コウモリが高周波の鳴き声で外界を知覚している感覚を理解することはできない。

いくら物理学や生理学の知識を持っていたとしても、感覚については説明することができないのだ。

Q 34

コーラを買った確率

情報を精査せよ――数学的思考力

AとB、2人の子どもがいる。彼らは自動販売機に並んだ17種類のドリンクの中から、2人で1つの飲み物を買った。

何を買ったかを聞かれ、2人は「コーラ」と答えた。

ただし、2人共20%の確率で嘘をつく。

さて、2人が本当にコーラを買った確率は?


◀ヒントは次のページ/解答例は82ページ

Q34のヒント

考えられるパターンは、コーラを買った（嘘をつかない）場合と、コーラ以外のものを買った（嘘をつく）場合の2通りである。

◀解答例は82ページ

Q33の解答例

Aが予想をしたとしても、首相の判断には何の影響もなく、解散を実行できるから。

Aは一見正しいと思える推理をした。ただし、彼の導き出した結論「議会の解散は行われない」は間違えている。

なぜなら、首相は「来月のどこかで解散する」と言っているわけで、その日程を予想されようが、されまいが、解散は行うと宣言していたからだ。

1／31の確率で解散が行われることは変わりようがない事実であり、Aは自らの誤った推理によって、選挙戦の準備ができなかっただけなのである。

Q 35

タダで地図を作る

財源とコストの表裏——発想力

あなたは100年前の地図制作者だ。

ある日、あなたの元に政府から「正確な地図」を作ってほしいという依頼があった。

ただし、政府は財政難であり、予算はかけられない。

予算はかけられないが、政府の収入を増やすことができれば、増えた収入を地図制作に使ってもいいという条件がある。

限りなく無料に近く、地図制作をするためには何をすればいいだろう。


◀ヒントは次のページ／解答例は84ページ

Q35のヒント

100年前の技術で実現可能なことを考えよう。また、国の主な収入源は税金である。加えて、収入を増やす方法が地図制作にも役立つものであれば、さらに経費が削減される。

◀解答例は84ページ

Q34の解答例

コーラを買った確率は1／2。

本当にコーラを買って、嘘をつかない確率は、

1／17×4／5（Aが真実を話す確率）×4／5（Bが真実を話す確率）……①

本当はコーラ以外のものを買って、嘘をついている確率は、

16／17×1／5（Aが嘘をついた確率）×1／5（Bが嘘をついた確率）……②

考えられるパターンは①と②の合計であるから、万引犯がいた確率は①／①＋②＝1／2となる。

Q36 鏡が反転させる姿

客観的視点を持つ——発想力

鏡に映る自分は、左右が逆になっている。
では、なぜ上下でなく、左右だけが逆になるのか。

◀ヒントは次のページ／解答例は86ページ

Q36のヒント

問い自体にさまざまな解釈があって、一概に答えられないのだが、シンプルな方法として、問いの妥当性を疑うことができる。つまり「なぜ○○なのか」の「○○」という前提が本当に成り立っているのかを疑うのである。

◀解答例は86ページ

Q35の解答例

地図制作のために航空写真を撮り、正確な土地の大きさを測って、脱税をしている人を告発する。

正確な地図を作るためには、土地の細かな形を知ることが必要だ。そのために有効な方法は航空写真を撮ることである。しかし、当然飛行機を飛ばすことにも、写真を撮ることにもコストはかかる。そこで、航空写真を撮ることが、コストだけではなく、利益をも生み出すとしたらどうか。

航空写真を撮れば、個人がどれほどの土地を持っているかが正確に分かる。土地の広さを実際より小さく申告している者を見付け出し、本来の税金を納めさせれば、政府の収入が増え、地図制作のコストを補えるのだ。

Q37 職業選択の性差

仕事を選ぶ理由——問題解決力

大学の理系学部は、文系に比べて女子学生が少ない。これはどの国にも共通している。いわゆる「先進国」では、工学やコンピューターサイエンスなどを専攻し、職業とする女性の割合は、男性に比べて極めて少ない。

しかし、フィリピンやタイなどの発展途上国では、大学で理系を専攻し、職業とする女性の割合は先進国に比べて多い。

先進国では、教育、進路、職業選択の自由があり、男女の雇用機会均等も保証されている。それなのに、発展途上国のほうが、性別による専攻・職業の偏りが少ないのだ。これはなぜだと考えられるか。

◀ ヒントは次のページ／解答例は88ページ

Q37のヒント

「自由」によって「平等」はもたらされるかもしれない。しかし、「平等」が「同等」をもたらすとは限らない。国によって偏りの大小はあるにしろ、なぜ、理系を選ぶ女性が少ないのか。

◀解答例は 88 ページ

Q36の解答例

そもそも鏡に映る自分が左右にだけ反転しているとは限らない。

不思議なことを言っているようだが、考え方としてはシンプルである。あなたが鏡の前に立ち、上下方向の中心軸を設定した場合、確かに鏡には左右が逆のあなたの姿が映るはずである。

しかし、富士山が湖の水面に映る「逆さ富士」を思い浮かべてほしい。富士山は水面に上下逆さまに映る。

つまり、どこに回転軸、あるいは対称面を考えるかによって、鏡の中のあなたは左右にも、上下にも逆さまに映るのである。

Q38 ロボットとフレーム問題

ロボットは思考できるか――問題解決力

新型のロボットが開発された。このロボットは人間の代わりに危険な作業をする。このロボットにある実験をする。

時限爆弾が仕掛けられた部屋の中に、高価な壺が置かれている。ロボットは、この壺を取ってこなければならない。

部屋に入ったロボットは、台車の上に置かれた壺を見付けた。その台車を押して壺を外に持ち出すことはできたのだが、同じ台車の上には時限爆弾も置かれていた。部屋を出たところで爆弾が爆発し、ロボットは壊れてしまった。

さて、このロボットを、壺のみを持ってくるように改良することはできるだろうか。

◀ヒントは次のページ／解答例は 90 ページ

Q38のヒント

ロボットが失敗を避けるためには、「自分が意図した結果（壺を取り出す）」のほかに、「意図しなかった結果」も判断できなければならない。ロボットが意図できない結果とは何か。

◀解答例は 90 ページ

Q37の解答例

個人の自由度が増すと、男女の精神的な選好の差がはっきり表れるから。

生来、女性より男性のほうが理系の分野を好むのである。大幅な自由が認められ、経済的にも余裕がある先進国では、個々人が「金のために」職業を選ぶ必要性が少なく、「自分のやりたい」仕事を選ぶ傾向が強くなる。

一方で発展途上国では、女性も経済的理由で職業を選ぶことが求められる。工学やコンピューターサイエンスなどを職業とする女性は、ほかの分野の女性よりも高い収入を得ることができるという。男女の選考による偏りを経済的動機が上回り、結果的に職業選択の性差は小さくなっていくのだろう。

Q39

コップの数と瓶の数

子どもの思考――発想力

4歳児を対象に、ある実験が行われた。コップと瓶をそれぞれ6個、等間隔に各1列にならべる。そこで子どもに、「どっちのほうが多い?」と聞くと、子どもは「同じ」と答える。次に、子どもの見ている前でコップ同士の間隔を広げてから同じ質問をする。そうすると子どもはコップのほうが多いと答える。

しかし、2歳児と3歳児に同じ実験を行うと、正しい答えをするのである。これはどういうことか。2歳頃に子どもは数の数え方を理解するのだが、4歳頃になると一時的にその概念を失うということだろうか。

しかし、ここではもっと簡単な説明を考えてもらいたい。例えばどういう説明だろうか。

◀ヒントは次のページ/解答例は92ページ

Q39のヒント

4歳児は、本当に瓶よりコップのほうが多いと考えたのであろうか。そうでなければ、なぜコップが多いと答えたのだろうか。

◀解答例は92ページ

Q38の解答例

現代の技術では解決できない。

この問題には「フレーム問題」という難問が潜んでいる。

ロボットはまず、台車を押すことで壺を運べることには気付いたが、その台車の上に爆弾があることがどう影響するかは理解できなかったのである。では、爆弾と壺の関係だけを考えるように作ればいいと思うかもしれない。しかし、それでも天井、壁、家具など、台車を動かすことで影響があるかもしれない（とロボットが考える）要素は無数にある。それらを全て検討し、判断することは不可能である。

実は、人間も「フレーム問題」を解決して行動しているわけではない。あくまでも「物事に囚われすぎない」という行動ができているにすぎないのだ。

Q40

子どもをいじめるのは、なぜ継母《まはは》か

物語の伝承——発想力

シンデレラや白雪姫など、昔話には継母が子どもをいじめる場面が多い。しかし現実に両親が別れた場合、子どもは母親に引き取られる場合が多い。つまりは継母より継父のほうが多いのである。加えて、子を虐待するのも母親より父親のほうが多い傾向がある。

ではなぜ、実例が多く、それだけ物語にもなりやすいはずの継父の子どもいじめではなく、継母によるいじめのほうが昔話に多く登場するのだろうか。

◀ヒントは次のページ／解答例は94ページ

Q40のヒント

昔話の内容を決める要素は大きく2つある。①現実に起こりやすいこと、②伝えられやすいこと、である。

◀解答例は94ページ

Q39の解答例

4歳児は質問の意図を考え、自分に期待されている答えを出した。

子どもは4歳くらいになると、他人の心を推測する能力が発達し始める。質問者がコップの間隔を広げてから質問したとき、子どもはこう考える。「なぜさっきと同じことをもう1回聞くのだろう。そうか、僕が聞き間違えたんだ。数を聞かれたのではなくて、長さのことを言っているんだ」と。それでコップと答えるのである。

2、3歳ではそこまで相手の思考を考えることはできず、質問をそのまま受け取って正しい答えをする。この解釈が正しいことも証明されている。質問者がよそ見をしている間にほかの実験者がコップの間隔を変え、質問者が「さっきと変わっている。もう一度教えて?」と聞くと、2歳の子も4歳の子も、正しい数を答えるのである。

Q 41

罰金のパラドックス

規範の種類——発想力

ある保育所で行われた実験である。方法は、親が子どもを迎えに来るのが遅れた場合、罰金を徴収するというものである。

予想されるのは、罰金が課されることで、遅刻が減るということであろう。しかし、実際には遅刻が増えてしまった。

数週間後、今度は罰金を廃止して、元の状態に戻した。ならば罰金を導入する前の割合に戻ると考えられるだろう。しかし、ここでも予想とは異なる結果が出た。罰金制の時期よりも、さらに遅刻は増えてしまったのである。

こうした現象の理由として考えられるのはどんなことか。

◀ヒントは次のページ／解答例は 96 ページ

Q41のヒント

人が「遅刻をしてはいけない」と感じるのはなぜか。「罰金を払わないといけないから」とは別の理由を考えてみよう。

◀解答例は96ページ

Q40の解答例

子どもに昔話を語り聞かせるのは、ほとんどが母親だから。

昔話は主にベッドサイドストーリーとして伝えられていく。子どもに物語を語り聞かせるのは多くの場合、母親である。母親の立場からすると、「もしお父さんが死んで新しいお父さんが来たら、あなたはいじめられてしまうかもしれないよ」というよりも、自分が死んだ場合のほうが話しやすいだろう。父親とした場合、実際に夫が亡くなれば再婚がしづらくなるし、母親としておけば「だから私を大切にしなければならないよ」というメッセージを子どもに伝えることができるわけである。

Q42

殺人を犯した親友

正直は正義か――問題解決力

ある日、突然親友があなたの家を訪ねてきた。

親友はあなたに「やむを得ない事情で殺人をしてしまった。警察に追われているからかくまってほしい」と言う。あなたは家に親友を入れた。

30分後、警察官があなたの家に訪ねてきて「殺人犯がこの家にいないか」と訪ねた。

あなたは家の中に親友がいることを警察に言うべきだろうか。それとも、嘘をついて親友を守るべきだろうか。

◀ヒントは次のページ／解答例は98ページ

Q42のヒント

国や時代を問わず、この問題は姿形を変えながらさまざまに論じられてきた。あなたはこの問題からどのような印象を抱くだろうか。

Q41の解答例

罰金制になることで、保育所に対する後ろめたさが消え、親たちに「罰金を払えば遅刻してもよい」という意識が生まれた。その後罰金制度が廃止されたことで、「罰金がなくなったから遅刻してもよい」という意識が生まれた。

ここで考えられるのは「社会規範」と「市場規範」である。罰金制になる前は、「遅刻すれば保育所に迷惑をかけてしまう」という社会規範があった。それが罰金制度によって市場規範に切り替わり、「罰金を払えば遅刻してもよい」という契約意識が生まれたのである。その後罰金制度が廃止されたが、市場規範のまま「罰金がなくなった」と感じたため、さらに遅刻が増えたのである。いったん社会規範が市場規範に変わると、社会規範に戻ることは難しいのだ。

◀解答例は98ページ

Q 43

2匹の子犬

可能性を洗い出す——数学的思考力

ここに2匹の子犬がいる。
少なくとも1匹はオスである。
もう1匹がメスである確率を答えよ。

◀ ヒントは次のページ／解答例は100ページ

Q43のヒント

8割の人は1／2と答えるだろう。しかし、これでは不正解だ。

◀解答例は100ページ

Q42の解答例

親友を守るためであっても、嘘をつくべきではない。

ここでは、この問題に対する1つの考え方を示そう。

哲学者・カントは「嘘をついてはいけない」という義務は、時や場所を変えても変化しないとしている。つまり、たとえ親友がかくまってほしいと願っても、あなたは嘘をつくべきではないのだ。

ただし、これではあまりにも救いがないと思われるだろう。そこでハーバード大学のマイケル・サンデルはもう1つの選択肢を示している。問題のケースであれば「以前この家に来ましたよ」と答えればいい。これは嘘をついているわけではない。実際に友人は、以前にもあなたの家に来たことがあるからである。

Q44 その取引は得か損か

儲けとは何か――問題解決力

あなたはある商品を800円で仕入れた。いったん900円で売り、1000円で買い戻した。その後、再び1100円で売った。あなたの儲けはいくらになるか。

◀ヒントは次のページ／解答例は102ページ

Q44のヒント

100円の儲けと答えたくなるかもしれない。間違いではないが、ベストな回答とはいえないだろう。

◀解答例は102ページ

Q43の解答例

2／3。

子犬が2匹いるとき、性別の組み合わせは4通り考えられる。

①オス　オス
②オス　メス
③メス　オス
④メス　メス

ただし、今回の問題は、少なくとも1匹がオスだという条件であるから、④は除かれる。それ以外でメスがいる確率は2／3である。

Q45

本物のスイッチはどれ？

見えないものを確認する──問題解決力

あなたの手元には3つのスイッチがある。

その内の1つは隣の部屋のストーブを点けることができるスイッチで、残りの2つはどこにもつながっていない偽物のスイッチである。

あなたがいる部屋と隣の部屋に通じているドアは閉められていて、中でストーブが点いているかは確認できない。また、本物のスイッチでストーブを点け、その後別のスイッチを押した場合、ストーブは消えてしまう。

このとき、1回だけ隣の部屋に入れるとして、どうすれば3つの内からストーブを点けられるスイッチが分かるだろうか。

◀ヒントは次のページ／解答例は104ページ

Q45のヒント

隣の部屋に入ることができる1回の機会を使うタイミングが重要だ。

◀解答例は104ページ

Q44の解答例

200円損をした。

本来、あなたが800円で買った商品は1100円で売れるだけの価値がある商品だ。つまり、300円儲けられるはずだった。

しかし、売買を繰り返した結果、100円しか儲けることができなかった。

よって本来儲けることができた金額300円と、実際に儲けた金額100円の差額で、200円の損をしたことになる。

Q46 アジの群れ

生存の確率――問題解決力

アジは基本的に群れで行動するが、まれに単独行動を好むものもいる。そして、アジを捕食する大型魚は、単独でいるアジより群れを襲う傾向が強いという。

ここから考えると、アジが群れをなすことは、生存上不利であると考えられないだろうか。単独でいるよりも、群れをなすほうが捕食者に襲われる可能性は高くなってしまう。

しかし、実際には単独で行動するアジよりも、群れをなすアジのほうが圧倒的に多い。この理由を説明せよ。

◀ヒントは次のページ／解答例は106ページ

Q46のヒント

自然選択の進化論は確固たる定説である。一見、それに反するように見える現象であっても、実は矛盾していないという説明を見付けるのが先決である。

◀解答例は106ページ

Q45の解答例

1つ目のスイッチを押し、数分待ち、次に2つ目のスイッチを押し、すぐに隣の部屋に入る。

2つ目のスイッチを押してすぐに部屋に入ったとき、仮にストーブが点いていたとすると、2つ目のスイッチが本物であったことが分かる。

もし、ストーブがついていなかったら、ストーブに手をかざしてみよう。ストーブが暖かければ、1つ目のスイッチが本物で、直前までストーブが点いていたのが分かる。ストーブが冷たければ、1つ目、2つ目のスイッチでは電源が入らず、3つ目のスイッチが本物であると分かる。

Q 47

あらゆる整数を作り出す

全ての基礎となる数字――数学的思考力

ある整数Xを素材として、足し算と掛け算だけができるルールを考える。X＋X＝2X、2X×X＝$2X^2$のように、Xだけを使った足し算、掛け算の解に対して、さらに掛け算と足し算をすることができるが、新たに加えることのできる数字はXだけであるということだ。

このルールによって、あらゆる整数が作り出せるという。整数Xは何か。

◀ヒントは次のページ／解答例は108ページ

Q47のヒント

Xを元に、掛け算と足し算だけで、0や－を作り出さなければならない。また、整数にはマイナスの数字もある。

Q49の解答例

群れが攻撃される頻度が、群れをなすアジの数に比例するほどには多くならないから。

群れではアジの個体数が多く、攻撃されても生き残る個体数が多い。一方で、単独でいるアジが攻撃されればまず助からない。この生存確率のどちらが高いのか、という部分に着目する。

実際には、単独でいることは「攻撃を受ける確率を減らす」という意味では生存確率を増やすが、その増加分は、「群れの中では攻撃を避けられる可能性が高い」という生存確率の増加分より小さいということである。

◀解答例は108ページ

Q48

水は凍るのか

情報の取捨選択――論理的思考力

砂漠地方のオアシスで暮らす姉妹がいる。ある日、寒い地域への旅行から戻ってきた姉がこんな話をした。

「気温の低い場所では、水は流れるのをやめて、固い半透明の塊になる」

砂漠で暮らす姉妹は氷を見たことがなかったのである。妹は、姉の言うことを信じなかった。あまりに荒唐無稽《こうとうむけい》に感じられたからだ。以前、旅人から火を吹く竜の話を聞いたときも信じなかった。今回も、「私はそんなものを信じるほど愚かではない」と考えたのだ。

この妹の考えは、ある意味で明らかに間違っているはずなのに、正しいともいえる。それはなぜだろうか。

◀ ヒントは次のページ／解答例は110ページ

Q48のヒント

私たちは、日々触れる情報について、一つひとつ、「正しいかどうか」と考えて判断しているわけではない。

◀解答例は110ページ

Q47の解答例

-1。

基本的な数として、0や1が想像されるが、0は足しても掛けても0である。1は足し算で正の整数を全て作り出せるが、0とマイナスの整数を作ることができない。正解は「-1」。二乗すれば1を得ることができ、その1に自身を足せば、0を作り出すことができるのである。

Q49 死んだはずの男性

本当に「知っている」のか――問題解決能力

ある日、A子がコンビニのレジに並んでいると、前の男性が鍵を落とした。A子はそれを見て、鍵に子猫のキーホルダーが付いていることに気付いた。

次の日、A子は殺人事件の現場に遭遇した。見ると、昨日コンビニで見かけた男性が倒れており、その体にナイフが刺さっている。犯人らしき人物はいない。A子は警察に「私が知っているのは、あの男性が昨日コンビニにいたことと、子猫の付いたキーホルダーを持っていたことだけです」と話した。

また後日、同じコンビニでA子は思わず声を上げそうになった。先日の男性とそっくりな男性がいたのだ。男性は「双子の弟と間違えたんだね」と言った。男は子猫のキーホルダーも持っていて「母親は兄弟に同じものを持たせるのだ」と説明した。

A子はこの後、自分が取った行動について悩むことになる。それはどんなことか。

◀ヒントは次のページ／解答例は112ページ

Q49のヒント

A子は何を「知って」いたのだろうか。

◀解答例は112ページ

Q48の解答例

妹の判断は情報の取捨選択に対する合理的な方法として正しい。

近年、「詐欺メール」が頻繁に送られている。「あなただけに〇〇万円差し上げます」「簡単に莫大な利益を得る投資法」など、ほとんどは考えるまでもなく詐欺であると分かる。それらに対して、いちいち「本当か」と確認している暇はない。合理的な方法は全てを無視することだ。もしかしたら、中には本当に儲かる話があったのかもしれない。しかし、詐欺に違いないという判断は正しいといえるのである。

姉の話を聞いた妹の判断も同じだ。彼女にとって水が凍るということは、竜が火を吹くことと同様に、信頼性の低い話である。姉1人の話だけで、信じることはできない。これはメールを無視し続ける私たちの判断と同じなのである。

Q 50

詐欺師の言葉

真実と嘘の矛盾——論理的思考力

ある詐欺師が言った。

「詐欺師は必ず嘘をつきます」

この発言は真実だろうか。


◀ヒントは次のページ／解答例は 114 ページ

Q50のヒント

真実であるかどうかを考えるときには、真実かどうかを考えると同時に、嘘かどうかも考える。

◀解答例は114ページ

Q49の解答例

男性がコンビニにいて、子猫のキーホルダーを持っていたことを、「知っている」と警察に話したことは正しかったのだろうか。

A子は男性が双子で、同じキーホルダーを持っていることを知らなかった。もし、死んだ男性が前日にコンビニで見かけた男性とは違うほうだったとしても、A子は警察に同じ報告をしているはずである。

哲学者の多くが、知識には3つの条件があると主張している。まず、それが真であると信じること。次に、信じたことが真であること。そして、真だと分かったことを、何らかの方法で正当化するということ。しっかりとした理由なく、同じ男性だと信じて、仮にそれが真であったとしても、それは知識とはいえないのである。

Q 51

自殺志願者を殺したのは誰か

タイムマシンのパラドックス——問題解決力

Aさんには自殺願望がある。自殺願望はあるが、自ら命を絶つほどの気力はない。

そこでAさんは、タイムマシンに乗って5分前の世界に行き、5分前のAさんを殺害した。

Aさんは、5分前のAさんを殺害したといえるのだろうか？

◀ヒントは次のページ／解答例は116ページ

Q51のヒント

時系列を整理してみよう。実際に手元の紙にタイムマシンを使ったAさんの行動を洗い出してみると、簡単に整理できる。

Q50の解答例

どちらとも言えない。

詐欺師の発言が真実であるとすれば、「詐欺師は必ず嘘をつきます」という詐欺師自身の発言が真実となり、発言と矛盾する。

しかし、「詐欺師は必ず嘘をつきます」が嘘だったとしても、詐欺師自身が真実を述べていることになり、矛盾してしまう。

◀解答例は116ページ

Q 52

自由意志とは

選択に理由は必要か——論理的思考力

あなたの目の前には、形も大きさも色も、まったく同じ2本のペンがある。
あなたは2本のペンの内、どちらか好きなほうを手にする。
どちらのペンを選んだか、その理由を合理的に説明できるだろうか。

◀ヒントは次のページ／解答例は118ページ

Q52のヒント

この問題は、ペンである必要はない。実際に大きさ、形が同じ2つのものを目の前に並べて好きなほうを手に取って考えてみよう。

Q51の解答例

5分後のAさんが5分前のAさんを殺害するのは不可能。

Aさんが5分後のAさんに殺されてしまうとしたら、5分後のAさんはすでに5分前に殺害されたことになり、存在していないことになる。

こうした矛盾を含んでいるため、タイムマシンが発明されたとしても過去の自分を殺害することはできない。

◀解答例は118ページ

Q 53

「いい人」はどちらか

行動の動機と道徳性――論理的思考力

ある所で、重そうな荷物を持つ老人がいた。A子とB子は、このような状況で、同じように老人の荷物を運んであげた経験がある。しかし、それぞれの動機はまったく異なるものだった。

A子の場合、その行為は純粋に自発的なものだった。人が苦しんでいれば、考えるまでもなく助けてしまう。友人たちは彼女を尊敬していたが、同時に心配でもあった。「あなたは物乞いがいればお金をあげてしまうだろうけど、そのお金が麻薬の売買に使われてしまっているとしたら?」と。

一方、B子は冷たい女性として知られていた。誰かを助けるのは、相手の状況と自分の義務を考えた上で、助けるのが正しいという結論に達した場合だけである。

さて、A子とB子、どちらが道徳的な人物であろうか。

◀ヒントは次のページ/解答例は120ページ

Q53のヒント

道徳的であるということを「正しい行いをすること」と捉えると、どう考えられるだろうか。

◀解答例は120ページ

Q52の解答例

どちらのペンを選んだか合理的に説明することはできない。

実際に2本の同じペンを机に置き、試してもらいたい。

例えば、右に置いたペンを取ったとしよう。右のペンを取った理由を説明できるだろうか。「なんとなく、右のペンを取りたくなった」としか説明できないのではないだろうか。

つまり、人間は自由な意思を持って決断をしているように思われるが、その実、本当に「意思」を持って決断をしているとは限らないのである。

Q54 仮想空間の人生

約束された幸福──発想力

ある男が、目の前の選択に悩んでいる。2つの将来のどちらを選ぶべきかに迷っているのだ。

男は役者として成功することを夢見ている。1つ目の将来は展望が暗く、夢を実現できる見込みは薄い。2つ目の将来は、苦もなく、努力も必要とせず、有名な役者としての幸福が保証されている。

ただし、1つ目の選択肢は現実世界の将来であるのに対し、2つ目の将来は「仮想空間」の中でのものだ。仮想空間では、あらゆる感覚が現実世界と変わらない。いったんその中に入れば、自分が仮想空間にいることには気付かず、理想の人生を幸福に生きていくことができる。

それでも男は迷っている。このことから、「人生」や「幸福」について考えよ。

◀ヒントは次のページ／解答例は122ページ

Q54のヒント

男が迷う理由は、仮想空間の中の人生が非現実であるからだ。しかし、幸福だけでなく、不幸も繰り返される本物の人生のほうが、非現実の人生より、なぜ良いと考えるのだろうか。

Q53の解答例

B子のほうが、より道徳的である。

A子のような人たちは、「親切」「寛容」といわれることが多いだろう。一方で、B子に対しては同じように優しさを感じることはないはずだ。

しかし、道徳的であるということを「正しい行いをすること」と考えるならば、A子のほうが賞賛されるべきだという理由はない。友人が心配するように、間違った行動をしてしまう可能性は、B子よりも高いだろう。

そして、B子が、より道徳的であるという理由もある。B子は生まれ持った同情心がないのにもかかわらず、良い行動をする。A子の優しさには努力が要らないのに対し、B子の優しさは、人間の意志が生来の性質に打ち勝ったということでもあるのだ。

◀解答例は122ページ

Q55 エレベーターに乗る男

上階に行くためには——問題解決力

ある男はマンションの20階に住んでいる。マンションを出るのにも、部屋へ戻るのにもエレベーターを使う。

ただし、出かけるときは1階まで降りるが、帰りは15階までしか昇らず、そこから20階まで階段で昇る。

男は階段が嫌いなのに、なぜ15階から昇るのか。

◀ヒントは次のページ／解答例は124ページ

Q55のヒント

男がエレベーターで20階まで昇るためには、何をしなければならないか。

◀解答例は124ページ

Q54の解答例

人間は最善の人生を考えるとき、ただ幸福になればいいと思うわけではない。

現実世界を捨てようとする人に対して、現実世界の住人は「現実的になれ」と諭すだろう。しかし、いま私たちが暮らしている世界も、自分の経験の蓄積に過ぎない。男にとって、仮想空間の中での人生の成功は、現実世界での成功と何ら遜色《そんしょく》がない。金も名誉も名声も、変わらず手に入るのだ。

それにもかかわらず、仮想空間に入りたくないと考える。それは、自分の将来は自分自身の意志や努力で決まるべきだと考えるからだ。私たちは、自分にとって何が最善かを考えるとき、ただ幸福になりさえすればいいと思っているわけではないのだ。

Q56 玉手箱をもらえなかった浦島太郎

幸運の確率――数学的思考力

浦島太郎は竜宮城を探しに出かけた。竜宮城に辿り着ける確率は20％で、竜宮城に行けた場合、玉手箱をもらえる確率は80％である。

浦島太郎は玉手箱を持たずに帰ってきた。

この場合、浦島太郎が竜宮城に行けた確率は？


◀ヒントは次のページ／解答例は126ページ

Q56のヒント

①竜宮城に行けなかった場合、②竜宮城に行けて玉手箱をもらえなかった場合、③竜宮城に行けて玉手箱をもらった場合、の3つに分けて考えると分かりやすい。

◀解答例は126ページ

Q55の解答例

背が低いから。

男は背が低く、15階までのボタンにしか手が届かない。下りの場合は1階を押すことができる。

Q57 100円玉を選ぶ男

馬鹿を装う理由——問題解決力

ある村に有名な男がいた。村人たちは男を馬鹿にしていた。

男は、ピカピカの100円玉と、しわしわの1000円札を差し出されると、必ず100円玉を選ぶのである。村人たちはいつも男をからかっては、笑っていた。

しかし、その実、彼は決して馬鹿ではない。ではなぜ、10倍もの値打ちがある1000円札ではなく、100円玉を選ぶのか。


◀ヒントは次のページ／解答例は128ページ

Q57のヒント

男はどうすれば自分がいちばん利益を得ることができるかを知っているのだ。

◀解答例は128ページ

Q56の解答例

1／21。

ここでは例として、25人が竜宮城を探したとする。

この場合、竜宮城に行けるのは5人（20％）、その内玉手箱をもらえないのは1人である（もらえる確率が80％）。

玉手箱なしで帰ってくるのは、竜宮城に行けなかった20人と、竜宮城には行けたが玉手箱をもらえなかった1人の合計で21人。その内、竜宮城に行けた者は1人であるから、1／21となる。想定の人数を変えても、この計算結果は変わらない。

Q 58

向けられた銃口

絶体絶命を脱する——論理的思考力

ある男が、あなたに銃口を向けてこう言った。

「お前にチャンスをやる。私がいまからどんな行動をするか、言い当てることができたなら、お前を殺さないでやる。外せば即刻、引き金を引く。さあ、当ててみろ」

あなたがある答えを言ったら、男は逃げだした。その答えとはどんなものだったのか。

◀ヒントは次のページ／解答例は130ページ

Q58のヒント

男は自分が設定した「行動を言い当てれば殺さない」というルールに矛盾があったため、何もできなくなり、混乱して逃げ出してしまったのである。

Q57の解答例

100円玉を選んでいれば、ずっと村人たちがお金をくれるから。

男は、自分が100円玉を選び続ける限り、村人たちは面白がって100円玉をくれ続けることが分かっていたのだ。

一度でも1000円札を選んでしまえば、二度とお金はもらえないことを理解していたから、馬鹿なフリをしてお金をもらい続けていたのである。

◀解答例は130ページ

Q59

「昨日」と「今日」

言葉を疑う――論理的思考力

「昨日は、1日前には今日だった」
この言葉はある意味において間違っている。なぜ間違っているのか答えよ。

◀ヒントは次のページ／解答例は132ページ

「昨日」と「今日」2つの言葉の定義をしっかりと分けて考えよう。

Q58の解答例

「あなたは私を殺す」

この答えを言った場合、もし男があなたを殺すとすれば、自分が設定した「行動を言い当てたら殺さない」というルールと矛盾することになる。

一方で、殺さないでいれば、あなたの答えが合っていないのに殺さないことになるので、これも矛盾となる。そのため、何もできなくなってしまい、逃げ出したのだ。

◀解答例は132ページ

Q60 6冊の本の並べ方

パターンの整理——数学的思考力

それぞれに種類の異なる6冊の本、A・B・C・D・E・Fがある。これらを本棚に並べるとき、何通りの並べ方があるか。ただし、AはBより左側に置かれなくてはならない。

◀ヒントは次のページ／解答例は134ページ

Q60のヒント

一つひとつパターンを数えていく方法もあるが、もっと簡単な計算方法を考えよう。まずは、AとBの位置の条件を考えず、単純に何通りあるかを調べ、そこからBがAより左側になるパターンを除けばいいのである。

◀解答例は134ページ

Q59の解答例

昨日が今日と同じ、ということはありえない。

今日を10月5日の木曜日だと仮定しよう。前日の4日水曜日は、4日の水曜日でしかない。たとえ、時間が24時間巻き戻ったとしても、今日（5日の木曜日）ではないのだ。

Q 61

共に自白する共犯者

避けるべき結果――問題解決力

A氏とB氏はある事件の容疑者として捕えられた。それぞれ別室で取り調べを受けている。2人共なかなか口を割らない。そこで刑事は駆け引きを持ちかけた。

「Aさん。もし2人共黙秘を続けたなら、2人共懲役2年になります。しかし、あなたがいま自白し、Bさんが黙秘したなら、あなたを釈放します。Bさんは懲役10年です。逆にBさんが自白し、あなたが黙秘したならBさんを釈放し、あなたは懲役10年となります。もし2人共自白したら、2人共懲役6年です。さて、どうしますか？」

同様の駆け引きが、Bにも行われていた。

悩みに悩んだ2人はそれぞれに答えを出し、刑が確定した。結果はそれぞれ懲役6年である。なぜこのようになったのか。


◀ヒントは次のページ／解答例は136ページ

Q61のヒント

自分がAの立場で、Bが黙秘した場合、自白した場合をそれぞれ考える。

◀解答例は136ページ

Q60の解答例

360通り。

左端に置くことのできる本は6冊、つまり6通りである。左端が決まれば、左から2番目は5通り、左から2番目が決まれば、その右は4通り……。と考えていくと、6×5×4×3×2×1＝720通りとなる。

この内、BがAより左になるパターンは半分（Aが左端にあるとき、Bがそこより右になる並べ方は5通り、Aが左から2番目にあるとき、BがAより右になる並べ方は4通りで左になるパターンは1通り、Aが左から3番目にあるとき、BがAより右になるパターンは3通りで左になるパターンは2通り……と考えると分かるだろう）。

つまり、問いの答えは720÷2で、360通りとなる。

Q 62 テセウスの船

「同じ」を疑え――発想力

ギリシア神話に登場する英雄・テセウスが乗っていた「テセウスの船」と呼ばれる船がある。この船は長い年月をかけて、朽ちた木材を新しい木材と取り換えながら、大切に保管されてきた。

やがて度重なる修理の末、最初に船に使われていた木材は全て新しい木材へと取り換えられた。

この状況を見たアテネの人々は、取り換えられた木材を再利用して、テセウスの船とそっくりの船を作った。

さて、「新しい木材に取り換えられたテセウスの船」と「テセウスの船と同じ木材でできている2隻目のテセウスの船」どちらが本物だろうか？

◀ヒントは次のページ／解答例は138ページ

Q62のヒント

「本物」であるということは、元々のテセウスの船と「同じ」であると考える。このとき、「同じ」という言葉をどう定義するかで答えは異なるだろう。

◀解答例は138ページ

Q61の解答例

最悪の結果を避けることを優先したから。

Aの立場では、もしBが黙秘した場合、自分が自白すれば釈放され、黙秘すれば懲役2年となる。自分のためだけを考えれば自白したほうがいい。

次にBが自白した場合、自分が黙秘すれば懲役10年で、自白すれば懲役6年。つまり、自白すれば最悪の結果は避けられる。

それに、自分だけが懲役10年になるよりは、まだ2人そろって懲役6年のほうがマシだとも考える。加えて、自分が自白しておけば、Bが黙秘した場合でも釈放される。

A・Bそれぞれが同じように考え、共に自白を選んだのである。

Q63

テレビの呪い

株価と番組——発想力

金曜日に放送されると月曜日の株価に影響するテレビ番組は何か。

◀ヒントは次のページ/解答例は142ページ

Q63のヒント

不定期に金曜日に放送される番組を考えてみよう。「お金」や「経済」と反対のメッセージを発信している番組はないだろうか。

◀解答例は142ページ

Q62の解答例

本物であるということを、元々の船と「同じ機能」だと定義すれば、新しい木材の船が本物。「同じ価値」だと定義すれば、朽ちた木材の船が本物。

類例として、「同じ電車」という言葉を考えよう。「毎朝同じ電車で会社に行く」という文脈の場合、違う型番の車両に乗っていても、機能や目的を達成する能力が同じであれば、「同じ電車」とみなすことができる。同様の視点から考えれば、「同じ機能」を保つために、修理が重ねられた新しい船が、本物のテセウスの船だとみなされる。

他方、もしも考古学者が船を調べるとしたら、新しい船よりも、元々の船と同じ材質の復元された船のほうが、研究対象としての価値がある。「同じ価値」を求める考古学者からすれば、復元された船のほうが本物なのである。

第3章

難易度★★★の思考実験

Q 64

ポール・ワイスの思考実験

何が変わったのか――発想力

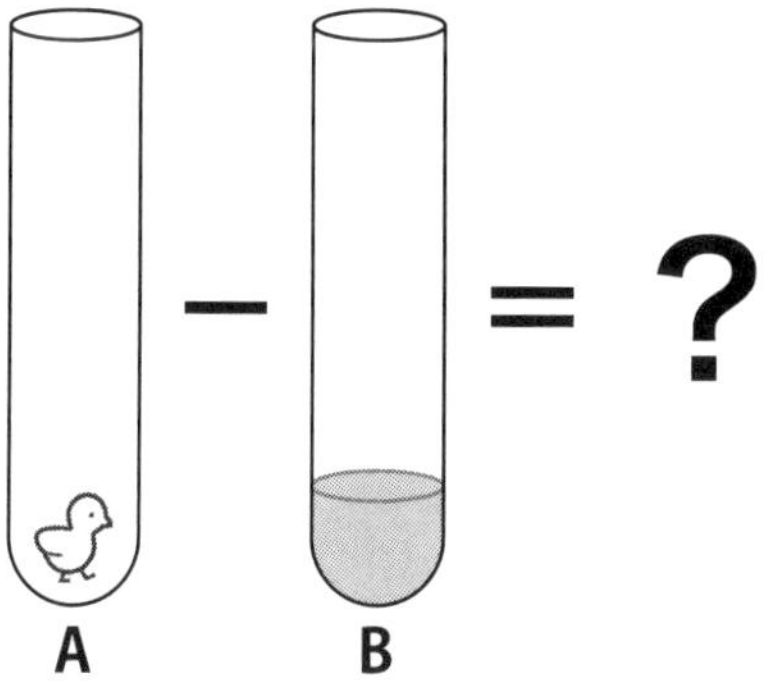

図のようにヒヨコを試験管に入れ、完全にすりつぶす。

すると、バラバラになり、粉砕されたヒヨコ由来の液体が得られる。

AからBへとヒヨコが変化するとき、失われるのは何か？

◀ヒントは次のページ／解答例は144ページ

Q64のヒント

ヒヨコの命や道徳心と考えた人もいるだろう。これらも間違っていないように思えるが、ここではそうした倫理的な観点からは離れた思考をしてみよう。

◀解答例は144ページ

Q63の解答例

スタジオジブリ制作の映画。

スタジオジブリ制作の映画が放送されると、週明け月曜日の東京金融市場が乱高下する可能性が高いといわれている。

ジブリ作品には、経済的な価値観とは別の価値観を大切にするメッセージが込められた作品が多く、そうしたメッセージが影響するのではともいわれているが、真相は定かではない。

これは合理的な説明ができない現象であり、投資家や専門家の中でも意見が分かれている。

Q 65

中国語の部屋

マニュアルによる判断——論理的思考力

あなたはまったく中国語が分からないとする。中国語で書かれた文章を見ても、「●★◆●」のようにただの記号にしか見えないだろう。

あなたはある部屋に閉じ込められることになった。閉じ込められている間、部屋の小窓からある紙切れが入れられる。紙には中国語であなたへの質問が書いてある。部屋には、あらかじめマニュアルが備えてあり、あなたの仕事はマニュアルを確認しながら、紙に書かれた中国語の質問に中国語で回答し、紙を部屋の外に返すことだ。

部屋の外の人には、あなたがマニュアルを見ている姿は見えていない。外の人は、あなたが中国語を理解できる人だと思っている。

さて、あなたは本当に中国語を理解できているのであろうか。

◀ヒントは次のページ／解答例は146ページ

Q65のヒント

あなたがマニュアルを丸暗記して、部屋の外の人とマニュアルに書かれた範囲の中国語で会話できるようになったら、どうだろうか？　それでも回答は変わるだろうか。

◀解答例は146ページ

Q64の解答例

Aのヒヨコから失われるのは、生物学的組織。

AからBへとヒヨコを粉砕しても、両者の質量は変わらない。そのため、AのヒヨコとBの液体は、物質的には変化していないといえる。それでは、失われたものは何か？　それはヒヨコが生物として生きるために必要だった構造「生物学的組織」である。

また、ヒヨコの内臓や四肢、脳、細胞といった生物学的組織が失われると、ヒヨコは歩いたり、エサを食べたりという、生命を維持する活動ができなくなる。そのため、生物としての機能も失われているといえる。

Q 66

どこでもドアのしくみ

「私」の条件――発想力

国民的アニメ『ドラえもん』には「どこでもドア」という道具が登場する。片開きドアを模したこの道具は、目的地を念じて扉を開くと、目的地に行くことができる道具だ。

この不思議なドアは、ドアを開けた瞬間に使用者の肉体を分子レベルで分解し、目的地に置かれたドアで再度構築するしくみになっていると考えられる。

さて、ここで疑問が生じる。人間は分子レベルまで分解されると、当然生きられない。ということは、どこでもドアの使用者は一度死亡したにもかかわらず、目的地に着くと人としてドアから出てくる。

このとき、どこでもドアを通る前と通った後の使用者は同一人物といえるだろうか。

◀ヒントは次のページ／解答例は148ページ

Q66のヒント

ここでは、どこでもドアを通る人は、自らが分子レベルに分解されている自覚はなく、通った後も同じ人格、同じ記憶を有していると考える。

◀解答例は148ページ

Q65の解答例

あなたは中国語を理解している、とはいえない。

この問題は、人工知能（ＡＩ）に対する議論とも共通する。人の問いかけに応えるコンピュータもあたかも言葉を理解しているように見えるかもしれないが、プログラムの指示通りに動いているだけで、内容を理解しているわけではない。プログラムにないことには対応できないのだ。

マニュアルを丸暗記していたとしても、そのマニュアルの中でしか会話ができないのであれば、中国語で侮辱されても怒ることはなく、本来じっくりと考えなくてはいけないことにも即答してしまうだろう。つまり、言葉を言葉として理解できても、受け取った言葉から正しい行動をすることができないのだ。

Q 67

最も役に立つ質問

未来を作る発想——発想力

「世界でいちばん役に立つ質問と回答」の実例を挙げよ。

◀ヒントは次のページ/解答例は150ページ

Q67のヒント

回答より、質問を考えるほうが重要である。

◀解答例は150ページ

Q66の解答例

人格を基準にすれば、どこでもドアを通った人は、通る前と別人になっている。

この問題は、「同一人物」の定義を、物質としての肉体が同じと考えるか、精神が同じと考えるかなど、さまざまな解釈ができる。

解答例としては、人格を基準に考えてみる。「私は私である」という人格を中心に考えると、どこでもドア通過前の使用者は分子レベルまで分解されているため、一度人格を失っている。新しく構築された使用者は、使用前の人格とは独立した人格を有していると考えられるため、どこでもドアを通ることで使用者は人格が代わり、別人になっているといえる。

Q68

仏《ぶっ》陀《だ》と異教徒

悟りとは何か――発想力

仏陀が異教徒から問われた。

「言葉で語るでもなく、沈黙するでもないものは何ですか。仏陀なら答えられるでしょう」

問われた仏陀はしばらく黙って座っていた。

すると異教徒は表情が明るくなり、

「悟りとは何かが分かりました。ありがとうございます」と感謝して去っていった。

異教徒はなぜ仏陀に感謝したのか。

◀ヒントは次のページ／解答例は152ページ

Q68のヒント

「答える」とは、何をすればいいのか。あなた自身が仏陀になったつもりで考えよう。

◀解答例は152ページ

Q67の解答例

「確実に景気がよくなる方法」「（その答え）」、「どんな会社でも創業してすぐに上場できる方法」「（その答え）」など。

そのほかにも「どんな癌《がん》も治す治療法」「（その答え）」や、「世界中の戦争を終わらせる方法」「（その答え）」なども考えられる。

人類がいまだ解決できていない問題とそれに対する回答であれば、実例になり得る。

Q69

牛丼が安くなる理由

無関係な要素を結び付ける——論理的思考力

ＨＩＶが蔓延すると、牛丼が１５０円になる。
その理由を考えよ。

◀ヒントは次のページ／解答例は154ページ

Q69のヒント

HIVと牛丼を結び付ける要素を段階を追って考えてみる。

◀解答例は154ページ

Q68の解答例

じっと座ったまま悟りを開いた仏陀に感銘を受けたから。

異教徒は仏陀を追い詰めるつもりで、「言葉で語る」と「沈黙」の2択を迫った。

しかし、仏陀はこれらの2択とは異なる選択肢を示した。「言葉」と「沈黙」の2択は、どちらも「自我」を前提としている。

それに対して仏陀は「無我」である悟りを見せ、第3の選択肢を示したのだ。

Q70

妥当な労働の対価

価値のない仕事とは──問題解決力

石川県にある全ての窓ガラスを洗う仕事を発注されたとしたら、あなたはいくら代金を請求するか。

◀ヒントは次のページ／解答例は156ページ

Q70のヒント

石川県という地域の特性と窓ガラス清掃という仕事の特性を洗い出す。

◀解答例は156ページ

Q69の解答例

HIVが蔓延した結果、予防としてコンドームが売れ、ゴムの需要が増し、ゴムの生産地である東南アジアに牛丼チェーンが出店するため。

「風が吹くと桶屋が儲かる」ということわざもあるように、一見関係のないように見える出来事も、論理的に考えていくと結び付くことがある。

HIVが蔓延すると、予防のためのコンドームの需要が増す。すると、コンドームに使われるゴムの生産地である東南アジアが急成長する。市場が活況な東南アジアに、海外戦略の一環として牛丼チェーンが進出する。現地の物価に合わせて、150円という価格設定で牛丼が売られる。

Q 71

あなたはマジシャン

他人の心理誘導——発想力

あなたはマジシャンで、こんな手品ができるとする。

まず、ハンカチ、サングラス、ボールペン、コインを用意する。その中の1つの名前を書いた紙を折り畳んで客に渡し、中を見ないままポケットに入れるように指示する。

そしてその客に、4つのアイテムから1つを選ばせる。例えば客がボールペンを選んだとして、ポケットの中を見るように指示すると、紙には「あなたはボールペンを選んだでしょう」と書いてある。

このようなマジックを行う簡単な方法はどんなものか。

◀ヒントは次のページ／解答例は158ページ

Q71のヒント

特別な道具などはいらない。また、いきなり「4つの中から1つ」を選ばせる必要はない。

◀解答例は158ページ

Q70の解答例

代金は必要ない、もしくは窓ガラスを洗う仕事を断る。

石川県の年間降水日数は174日（2015年の記録）。年間降水日数が200日に迫る年もあり、1年の半分ほどは雨が降っている。つまり、何もしなくても雨によって窓ガラスは洗われていくため、窓ガラスを洗うという仕事に代金は必要ない。もしくは、引き受けるだけ無駄になるため、断るのが賢明と判断できる。

Q 72

東京都内の自動販売機の数は？

知らないことを推測する——論理的思考力

あなたは東京都内に自動販売機を1台所有している。

あなたの持っている自動販売機は、120円の飲料が1本売れると24円儲かる。1ヶ月の電気代は4000円であり、毎月1万円の利益を出す。

さて、東京都内の自動販売機は何台あるだろうか？

◀ヒントは次のページ／解答例は160ページ

Q72のヒント

東京都の人口は約1300万人。毎日自動販売機を利用するヘビーユーザーの動向が推測のヒントになる。ここでは「パレートの法則（全顧客の上位20%の顧客が売上げの80%を占める）」を使って考えてみよう。

◀解答例は160ページ

Q71の解答例

最初に4つの中から2つに絞り、次にその2つから1つに絞る。

まず、紙に書くのはどのアイテムでもよい。ボールペンだったとして、客に4つの中から2つをこちらへ手渡してもらう。その際、ボールペンが客の手元に残れば、その2つだけを客が「選んだ」ものとして場に残す。ボールペンがこちらに手渡された場合は、手渡された2つだけを客が「選んだ」ものとして残す。同様に残った2つの中から1つを手渡してもらい、客の手元にボールペンが残れば、それを客が「選んだ」ものとして、こちらに手渡された場合も、それを客が「選んだ」ものとする。

こうして、どのようにしても客がボールペンを「選んだ」ように思わせるわけである。

Q 73

3人の囚人

自分のシールは何色か――論理的思考力

3人の囚人に釈放のチャンスが与えられた。条件は以下の通りである。

――白のシールが3枚、黒のシールが2枚ある。それぞれの背中にこのシールのいずれか1枚が貼られる。直接自分のシールを見ることはできないし、鏡などもない。見ることができるのは、自分以外の2人のシールだけである。お互いに自分が見たシールの色を言うことはできない。その上で、自分の色が分かった者は扉を開けて牢獄を出ることができる。しかし、釈放されるためには、自分に貼られたシールが何色か、なぜその色なのかの論理的な説明ができなければならない。――

3人の内、すぐに扉を開ける者はいなかったが、しばらく考えた後、3人同時に扉を開け、自分のシールの色が何かを説明することができた。彼らはどのように答えたのか。

◀ヒントは次のページ／解答例は162ページ

Q73のヒント

考えられる組み合わせは、（白・白・白）、（白・白・黒）、（白・黒・黒）の3通り。（白・黒・黒）は、白の囚人がすぐに分かるはずなので除外できる。残された2通りで、自分が白あるいは黒であればほかの2人はどう行動するか。

◀解答例は162ページ

Q72の解答例

約16万台と推測できる。

1カ月に東京都の自動販売機で売れる飲料の数を、1カ月にあなたの自動販売機で売れる飲料の数で割ると、東京都の自動販売機の数が推測できる。

まず、あなたの自動販売機で売れる飲料の数は、（1月の利益＋電気代）を1本の利益で割ると求められる。これは約583本だ。次に東京都の自動販売機で売れる数。これは2割の人間の売上げが売上げ全体の8割を占めるという、パレート（2対8）の法則が使える。全都民の2割である260万人が毎日飲料を買うヘビーユーザーと仮定しよう。すると、260万人×30日＝7800万本。これが全需要の8割なので、全需要は9750万本。9750万本÷583本＝約16万台となる。

Q74 帽子の色

他人の立場で考える――論理的思考力

前項に続いて、似た問題をもう1つ。

A・B・C・Dの4人が1つの部屋にいる。4人の内、2人は赤い帽子を被り、2人は白い帽子を被っている。彼らは自分が何色の帽子を被っているかを知らない。

仕切りによって、Aだけがほかの3人と場所を分けられている。

3人は、上からD、C、Bの順で下る方向を向いて階段の上に立っている。

後ろを振り向いてはいけないという条件で、いちばん最初に自分の帽子の色が分かったのは誰か。いちばん最初に分かった人は、全員に聞こえるように宣言をする。

また、B、Cの帽子の色は違うものとする。

◀ヒントは次のページ／解答例は164ページ

Q74のヒント

4人の状況を紙に図解してみる。複雑に見える説明も簡単に整理する。

◀解答例は164ページ

Q73の解答例

「自分のシールは白である」。

囚人を仮にA・B・Cとして、自分がAだった場合を考える。

まず、自分（A）の色が黒だとする（白・白・黒の組み合わせ）。すると残りの2人は白1つ、黒1つを見ることになる。このときBとCはどのように考えるか。Bとすれば、「自分が黒だったら、Cは黒2つを見ることになるから、すぐに動くはずだ。しかし動かない。だから、自分は白である」と考え、すぐに扉へ向かうはずである。同じことはCも考えるはずだ。しかし、2人共動かない。ということは、自分（A）の色は黒ではないということになる。

Q 75

恐喝と飲酒運転の違い

合法＋合法＝違法？——発想力

飲酒運転は、酒を飲むという合法的な行為＋車を運転するという合法的な行為だ。その組み合わせで違法となる。

また、恐喝はお金を要求するという合法的な行為と、相手の不正を告発する合法的な行為の組み合わせだ。

どちらも合法的な行為が2つ組み合わさって、違法になる。それでは飲酒運転と恐喝の違いは何か？

◀ヒントは次のページ／解答例は166ページ

Q75のヒント

違法にならない飲酒運転はあるだろうか？　違法にならない恐喝も同様にあるだろうか。

◀解答例は166ページ

Q74の解答例

C。

AとBは誰の帽子も見ることができないので、除外できる。

残る2人の内、まずはD。DはBとCの帽子が見えている。2人の帽子の色が白なら、Dは「赤は2人、白は2人」であるから、自分の帽子は赤だと分かる。しかし、B、Cの帽子の色は違うという条件がある。よって、Dには自分の色が分からない。

ここで、Cの視点で考えると、自分の前のBの帽子は見えている。Cの帽子がもしBと同じ色なら、CとBの帽子を見たDがすぐに自分の帽子の色が分かったと宣言するはずだ。しかし、Dが宣言しないので、CとBの帽子の色が別の色だとCは気付くことができる。よって、この場合はCが自分の色はBとは違う色だと宣言できるのだ。

Q76 論証に必要な材料

権威は正しいか——論理的思考力

「AはBだ。なぜなら●●が言っていたから」という、権威による論証が成立しない場合の例を挙げよ。

◀ヒントは次のページ／解答例は168ページ

Q76のヒント

日常生活でなされる会話では、「テレビで言っていた」ということもあるだろう。その情報は必ずしも正しいのだろうか。

◀解答例は168ページ

Q75の解答例

恐喝は、2つの行為を結び付ける条件が必要。

飲酒運転は「酒を飲んだ状態で運転をする」と無条件に違法になる。
しかし、恐喝は「お前の不正を世間に広めるぞ！　あ、それとは別に100万円もよこせ」と言えば、2つの行為は一緒にならず、理論的には合法にならない（実際の法律での解釈とは別）。

つまり、「お前の不正を世間に広められたくなければ、100万円よこせ」と、2つの行為を結び付ける条件が必要になる。

Q77 4種類のケーキ

可能と不可能――数学的思考力

ある小学校での話。給食センターの手違いで、本来全員に同じケーキが行き渡るはずが、数種類に分かれてしまった。

その結果、90％の児童にショートケーキ、80％の児童にモンブラン、70％の児童にチョコレートケーキ、60％の児童にミルクレープが配られた。

この小学校の何％の児童がケーキを食べられるか。

ただし、児童は複数のケーキを食べられるが、全種類を食べられる児童はいない。また、この4種類以外のケーキは食べられない。


◀ヒントは次のページ／解答例は170ページ

Q77のヒント

4つのケーキ全種類を食べられる児童はいないということは、誰もが少なくとも1種類は食べられないということである。

◀解答例は170ページ

Q76の解答例

権威付けが弱い場合や、権威同士がぶつかる場合。

この論証が成立するのは、「重力は存在する。なぜならニュートンが言っていたから」というように、すでにある分野の権威が論証を確立している場合である。

一方、成立しない場合は、「地球は丸い。なぜなら学校で習ったから」といったように、そもそも権威付けが弱いものや、「量子力学は間違っている。なぜならアインシュタインがそう言っていたから(量子力学は専門家の間でも意見が分かれる)」のように権威同士がぶつかってしまう場合である。

Q78 数字当てゲーム

考えられる最適解——数学的思考力

次のようなゲームがある。

100人のプレーヤーが0から100の中から好きな数を選び、審判に提出する。自分が選んだ数字がほかのプレーヤーに知られることはない。審判は集まった100個の数字の平均Xを出し、それに0・9を掛けYとする。

最初に選んだ数字が、このYにいちばん近かったプレーヤーは賞金をもらえる。

このゲームに参加するなら、何の数字を予想するのがいいだろうか。

◀ ヒントは次のページ／解答例は172ページ

Q78のヒント

時間をかけてゆっくりと考える。直感的に判断すると、0〜100の平均は50。その9割で45に思えるが、より深い思考が必要である。

◀解答例は172ページ

Q77の解答例

100%。

各種類のケーキを「食べられない」確率を考えると、ショートケーキを食べられない児童が10%、モンブランを食べられない児童が20%、チョコレートケーキを食べられない児童が30%、ミルクレープを食べられない児童が40%で、合計100%になる。

もし、食べられないケーキが複数の種類になる児童がいれば、4種類全てを食べられる児童がいることになる（仮に100人の児童だったとすると、「食べられないケーキの数」は合計100個になる。重複すれば、誰かの「食べられないケーキ」を取ることになる）。つまり、1人の児童が食べられないケーキは1種類だけとなり、全ての児童がケーキを食べられる。

Q79 火事から生き延びた男

ピンチの条件を逆手に取る――発想力

東西に延びる長細い島に、1人の男がいる。最近日照りが続き、生えた草はカラカラに乾いている。

突然、島の東端で火事が起きた。東から西に向かって強い風が吹いている。火はどんどん燃え移り、男に迫っている。島は一面の草原で、火を避けられる場所はない。島の周囲にはたくさんのサメが泳いでおり、海に逃げることもできない。

しかし、男は無事、生き延びることができた。男はどのようにして火を避けることができたのか。

◀ヒントは次のページ／解答例は174ページ

男は１本のマッチを持っていた。

Q78の解答例

０。

全員が１００を選んだとしよう。Xは１００。Yは90である。つまり、正解は最大でも90である。ならば、それを超える数字を選ぶプレーヤーはいないはずだ。ということは、０から90の平均値45の９割で40・５を選ぶべきだろうか。いや、もっと考える必要がある。

誰もが90を超える数を選択することはないと先ほど分かった。では、正解になり得る数字の中でいちばん大きな90を全員が選択した場合はどうか。90の９割で81であるから、正解は０から81の間であることが分かる。では全員が81を選んだら……これを延々と繰り返していくと、答えは０になる。

◀解答例は174ページ

Q80

思考実験の価値

考えることの意味——発想力

思考実験の大半は、特定の条件を設けて思考を巡らせることである。現実にはあり得ない極端に単純化された条件も多い。

それでは、思考実験は現実には実行できないため、価値のないものなのだろうか。思考実験をすることには、どんな価値があるのだろうか。

◀ヒントは次のページ

Q80のヒント

この問題に解答例はない。私たちは思考実験により、さまざまな理論や考え方を知ることができる。本やインターネットで思考実験は探すことができる。自分なりの思考実験の楽しみ方を見つけてみよう。

Q79の解答例

男は自分の西側の草原に火を付けた。

男は、迫る火を背にして、西側の草原に火を付けた。強い風によって、男から逃げるように火は広がっていく。男はその火を追うようにして、燃え尽きたところへ歩いて行った。元々男がいた場所に火事が迫ったとき、そこから西側の草は燃え尽きているから、それ以上燃え広がらない。こうして男は助かったのである。

参考文献 ※順不同

『哲学的な何か、あと科学とか』飲茶／二見書房
『論理的思考力を鍛える33の思考実験』北村良子／彩図社
『100の思考実験』ジュリアン・バジーニ（著）、向井和美（翻訳）／紀伊國屋書店
『頭の中は最強の実験室』榛葉豊／化学同人
『思考実験 世界と哲学をつなぐ75問』岡本裕一朗／筑摩書房
『13歳からの思考実験ノート 自分で考えるための61の練習問題』小野田博一／PHP研究所
『心理パラドクス―錯覚から論理を学ぶ101問』三浦俊彦／二見書房
『ポール・スローンの思考力を鍛える30の習慣』ポール・スローン（著）、黒輪篤嗣（翻訳）／二見書房
『ポール・スローンのウミガメのスープ』ポール・スローン、デス・マクヘール（著）、クリストファー・ルイス（翻訳）／エクスナレッジ
『図解 眠れなくなるほど面白い 物理の話』長澤光晴／日本文芸社
『いま世界の哲学者が考えていること』岡本裕一朗／ダイヤモンド社
『超図解「21世紀の哲学」がわかる本』中野明／学研プラス
『時間の正体 デジャブ・因果論・量子論』郡司ペギオ‐幸夫／講談社
『『不思議の国のアリス』の分析哲学』八木沢敬／講談社
『数学者の哲学＋哲学者の数学―歴史を通じ現代を生きる思索』砂田利一、長岡亮介、野家啓一／東京図書
『パラドックスの扉』中岡成文／岩波書店
『ロジックの世界 論理学の哲人たちがあなたの思考を変える』ダン・クライアン、シャロン・シュアティル、ビル・メイブリン（著）、田中一之（翻訳）／講談社
『哲学のメガネ』三好由紀彦／河出書房新社
『まだ科学で解けない13の謎』マイケル・ブルックス（著）、楡井浩一（翻訳）／草思社

◆著者紹介◆

笠間リョウ（かさま・りょう）

1973年生まれ。大学院卒業後、コンサルティング会社に勤務。
現在は会社に勤めながら、思考実験を用いた企業研修やWEBプロモーションの相談を受けている（紹介に限り）。
将棋にも造詣が深い。

問題解決力が身につく思考実験
これは「読む」本ではなく「考える」本です

2017年12月24日　初版発行
2018年 1 月22日　2刷発行

著　者　笠間リョウ
発行者　野村直克
発行所　総合法令出版株式会社
〒103-0001 東京都中央区日本橋小伝馬町15-18
ユニゾ小伝馬町ビル9階
電話　03-5623-5121
印刷・製本　中央精版印刷株式会社

落丁・乱丁本はお取替えいたします。

ISBN 978-4-86280-594-2

総合法令出版ホームページ　http://www.horei.com/